공부는 하기 싫지만
SKY는 가고 싶어

공부는 하기 싫지만 SKY는 가고 싶어

공부 머리 없는 내가
명문 도쿄대에
합격한 비결

요코이 유스케 지음
박선영 옮김

다산
북스

만년 꼴찌에서 도쿄대 합격을 만든 인생 역전 솔루션

'난 왜 이렇게 기억을 잘 못할까?'

나는 어렸을 때부터 기억력이 나빴다. 가족들과 과거 이야기를 할 때도 나 혼자 기억하지 못했고, 아무리 열심히 공부해도 내용이 잘 외워지지 않아서 시험 때마다 고생했다. 지금도 부모님 댁은 물론이고 내가 사는 집 주소도 가끔 잊어버린다. 매주 과외하러 가는 학생의 집은 역에서 가는 길을 헷갈려서 반년이나 지도를 켜고 다녔다.

내가 유독 기억력이 나쁜 데는 그 나름의 이유가 있다고 생

각했다. 고등학교 때의 일이다. 유도 수업 시간에 사고로 넘어
지며 가벼운 뇌진탕을 겪었다. 걱정스러운 마음에 뇌 MRI를
찍었다가 의사 선생님에게 놀라운 말을 들었다.

"학생의 뇌에는 해마가 없네요."

해마는 뇌에서 기억을 다루는 부분이다. 그런 중요한 기능
을 하는 부분이 내 뇌에 아예 없다는 말을 들으니, 어릴 때부
터 나를 괴롭혀왔던 문제의 실마리를 찾은 기분이었다. 확실
한 원인을 찾았으니 이제 극복 방법만 생각하며 노력하면 된
다는 생각에 오히려 홀가분했다. 그날 이후 10여 년 동안 암
기력을 높이는 공부 방법을 더 열심히 연구하고 실행했다. 그
결과 나는 만년 꼴찌에서 도쿄대 합격생이라는 기적에 가까
운 결실을 만들어냈다.

뜻밖에 이번에 다시 MRI를 찍었다가 새로운 소식을 들었
다. 내 뇌에 해마는 멀쩡히 있지만 '지주막 낭종'이 함께 있다
는 것이었다. 내 MRI 결과지를 보면 해마 부근에 마치 뇌가
없는 것처럼 보이는 부분이 있는데 이것이 사실은 뇌척수액
으로 가득 찬 주머니, 즉 지주막 낭종이다. 해마가 아예 없는

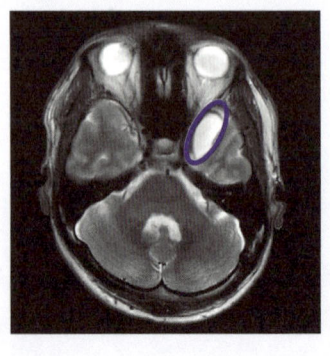

나의 뇌 단면.
보라색 선으로 표시한 하얀 덩어리가
지주막 낭종이다.

것보다야 낫겠지만 이 물혹이 옆에 붙은 해마를 압박해서 기억력에 안 좋은 영향을 미칠 수 있다고 했다. 나 역시 무엇이든 금세 잊어버리고 그 때문에 남들보다 두 배 이상 노력해야 겨우 외울 수 있다는 사실은 평생 느끼고 있었다.

♦ 약점을 극복하고 공부로 이뤄낸 꿈

나는 중학생 때부터 분명한 목표가 있었다. 바로 도쿄대학교에 입학하고 싶다는 꿈이었다. 당시 내 성적으로는 허무맹랑한 목표였다. 하지만 이미 중학교 입시에서 한 번 실패를 맛봤기 때문에 대학만큼은 최고의 대학에 보란 듯이 붙고 싶었다. 내가 공부에 재능이 있고 없고는 상관없었다. 어쨌든 난

도쿄대학교에 들어가고 싶었고 '된다', '안 된다'가 아니라 '어떻게 하면 들어갈 수 있을까?'만 생각했다.

나는 매일 내 공부법의 부족한 부분을 고치고 개선된 공부법을 바탕으로 엄청난 시간을 학습에 투자했다. 그리고 다시 문제점을 찾아내서 고치는 일을 반복했다. 특히 '어떻게 하면 외운 내용을 내 것으로 만들까?', 즉 기억력을 높이는 방법을 고민하며 내 나름의 해결책을 찾아냈다. 이런 생활이 몇 년 동안 이어지자 고등학교 2학년 무렵에는 도쿄대에 합격할 만큼 실력이 올랐다. 기출문제를 풀면 합격점을 받았고 모의고사에서도 최고 등급이 나왔다. 그 결과, 고3 때 치른 대학 입시에서 도쿄대학교 이과에 현역으로 합격했다.

♦ 경험으로 터득한 모든 공부 비법을 공개한다

약 3년 전 유튜브에서 우연히 내 이야기를 할 기회가 있었다. 그런데 그 영상이 소위 말하는 대박이 나서 엄청난 화제가 되었고 조회 수가 100만 회를 넘겼다. 댓글에는 '이 사람의 공부 여정을 듣고 큰 용기를 얻었다', '난 아직 멀었다. 더 열심히 노력해야겠다', '어떻게 공부했는지 알고 싶다'와 같은 이야기가 줄을 이었다. 5분 전 공부한 내용도 잊을 만큼 선천적으로 기억력이 나빴던 내가 어떻게 공부해서 명문대 합격까지 이뤄냈는지 궁금해하는 사람이 정말 많다는 사실을 그때 깨달았다.

세상에는 아무리 노력해도 내 힘으로는 어쩔 수 없는 일이 분명히 있다. 하지만 공부는 다르다. 공부만큼은 제대로 노력하면 누구나 원하는 목표를 달성할 수 있다. 만약 열심히 공부했는데도 생각만큼 성과가 나오지 않았다면, 그것은 능력이 부족해서가 아니라 공부법이 잘못되었기 때문이다. 아직 그 진리를 깨닫지 못하고 자신은 능력이 없다고 착각한 채, 하고 싶은 일이나 더 나은 삶을 포기하는 사람이 많다.

그것이 내가 이 책을 쓰려고 마음먹은 이유다. 이 책에는 내가 공부할 때 적용한 구체적인 방법과 직접 적용하며 검증된 노하우를 아낌없이 꾹꾹 눌러 담았다. 초강력 암기법은 물론, 자투리 시간까지 공부하는 시간 관리술, 멘탈을 부여잡고 동기를 유지하는 법, 효과적인 학습 계획을 세우는 법, 나만의 맞춤형 참고서를 고르는 요령, 사고력을 단련시키는 법까지 내가 직접 몸으로 부딪치며 깨우친 내용을 하나도 빠짐없이 쏟아부었다.

특히 공부 머리가 없다며 한탄하고 있다면 이 책을 꼭 읽기를 바란다. 재능이 없다고 꿈을 포기한 사람, 아니 지금 포기하려는 사람은 다시 한번 생각해 보자. 당신의 꿈이 공부를 통해 이룰 수 있는 것이라면 포기하기에는 아직 이르다. 이 책을 읽고 자신의 공부법을 개선한 뒤 다시 공부를 시작하거나 하고 싶은 일에 도전하자. 세상에 공부만큼 특별한 재능이 없어도 잘할 수 있는 일은 없다. 올바른 방법을 알고 그대로 실천하면 된다. 원하는 대학교는 물론이고 배우고 싶은 지식과 필요한 기술까지 다 내 것으로 만들 수 있다.

딱 1년만 해보자. 인생이 바뀐다. 1년만 필사적으로 공부하면 여러분이 목표하는 대부분의 능력을 기를 수 있고 웬만한 시험에 모두 합격할 수 있다. 공부로 성적이 오르고 능력을 갖추게 되면, 아니 1년 동안 최선의 노력을 다해보기만 해도 그때부터 인생은 크게 달라진다. '공부는 하면 된다'라는 자신감을 바탕으로 훨씬 더 다양한 도전에 나설 수 있다. 그런 미래의 자신을 상상하며 매일의 지루한 공부를 지속하는 데 동력을 얻기를 바란다. 여러분의 성공을 진심으로 기원한다.

차례

프롤로그   만년 꼴찌에서 도쿄대 합격을 만든 인생 역전 솔루션   4

1장   공부는 암기력 싸움이 아니다

'어떻게' 노력하느냐가 결과를 바꾼다   17

노력이 부족할수록 머리 탓만 한다   26

내 머릿속에 해마가 없다고요?   33

꼴찌도 상위 10%에 드는 성적 향상의 비밀   40

2장   '기억 못 하는 뇌'를 이기는 공부법

전략1

등수를 바꾸는 교재 선택 방법

잘 고른 책 한 권이 내 인생을 바꾼다   51

술술 읽히는 기본서가 공부의 시작점   59

책의 난도는 단계적으로 높인다   66

상황에 맞춘 참고서 100% 활용법   72

전략 2

암기력을 높이는 학습 계획 세우는 법

나의 망각곡선을 알면 전략이 보인다   78

반복 암기하며 내 것으로 만든다   86

최상의 학습 계획을 만드는 '2:1 규칙'   96

암기 과목 공부는 이렇게 계획한다   105

사고력 과목 공부는 이렇게 계획한다   112

만년 꼴찌를 도쿄대 합격생으로 만든 학습 루틴   120

전략 3

포기하지 않고 끝까지 공부하는 법

나만의 공부 목표를 찾으면 공부가 쉬워진다   127

좋은 동기 vs. 나쁜 동기   133

일단 시작하면 의욕이 생긴다   139

공부가 더 즐거워지는 방법   145

유혹과 싸우지 않고도 이기는 법   151

타인의 평가보다 더 신경 써야 하는 것   158

공부가 진짜 하기 싫을 때는?   167

멘탈 바이오리듬에 맞춰 공부량 조절하기   172

전략 4

시간을 만들어내는 시간 관리의 기술

1분의 자투리 시간도 모이면 하루가 된다   179

일상 루틴도 철저히 계획하라   185

다른 일이 바빠서 공부할 수 없을 때의 대처법   192

전략 5

완전한 몰입 상태로 빠져드는 법

공부에 깊이 몰입하는 경지에 이르다   200

아침은 집중력의 마법이 시작되는 시간   210

집중력 회복을 돕는 재충전 방법   216

5분 안에 완벽히 휴식하는 방법   222

계획은 시간이 아니라 분량으로 정한다   227

3장   과목별 맞춤 공부 기술을 장착하라

암기 과목 공부법

지식을 흡수하는 암기의 절대 원칙   235

출발은 '왕복 암기'   241

마무리는 '통째 확인'   247

완벽히 암기했는지 확인하는 기준   253

사고력 과목 공부법

모든 문제의 패턴에 통달한다   259

스스로 생각하는 힘을 키운다   269

독해 과목 공부법

어려운 문장도 쏙쏙 이해하는 비법   277

글의 핵심을 간파하고 기억하는 법   284

피라미드 구조를 연습할 때 주의할 점   310

작문 연습으로 독해력까지 잡는다   314

에필로그   인생을 바꾸는 가장 확실한 수단, 공부   317

1장

공부는
암기력 싸움이
아니다

'어떻게' 노력하느냐가
결과를 바꾼다

♦ ### 최선을 다했지만 실패를 맛본
중학교 입시의 경험

"괜찮아. 내일부터 또 열심히 하면 돼."

내가 중학교 입시를 준비할 때 어머니가 줄곧 하시던 말씀이다. 그 무렵 나는 정말 열심히, 오랜 시간 공부했다. 하지만 성적은 좀처럼 오르지 않았다. 학원에서 테스트가 있는 날은 늘 풀이 죽어 있었다. 어머니는 내가 누구보다 열심히 공부한다는 사실을 잘 알고 계셨다. 할 수만 있다면 어떻게든 내 성적을 올려주고 싶으셨을 테다. 하지만 방법을 알 수 없으니 그저 최선을 다해 아들을 위로할 뿐이었다.

나 역시 어떻게 하면 성적을 올릴 수 있을지 막막했다. 시험 점수가 낮게 나오면 공부 시간을 더 늘렸다. 정말 하루도 빠짐없이 밤낮으로 쉬지 않고 공부했다. 학원 문제집을 다 풀고 교과서도 샅샅이 몇 번이고 다시 반복해서 살펴봤다. 겨우 초등학생이면서 새벽까지 공부하다가 손에 연필을 쥔 채 잠든 적도 한두 번이 아니었다. 그런데도 반 친구들을 따라잡기는커녕 점수 차이가 점점 더 벌어졌다.

'이렇게까지 공부하는데 대체 왜 성적이 안 오르는 거야?'
'뭐 때문이지? 더는 못 하겠어. 체력적으로도 한계야. 아, 내 머리는 여기까지인가?'

의문이 늘 머릿속을 맴돌고 가슴이 답답했다. 상황이 좀처럼 나아지지 않은 채 중학교 입학시험 날이 닥쳤고 결과는 처참했다. 1지망 중학교는 보기 좋게 탈락. 물론 명문 사립이었고 전국에서 내로라하는 학생들이 가는 학교였지만 그렇게 쉽게 떨어질 줄은 몰랐다. 뒤이어 2지망도 불합격이었고 3지 망에서야 간신히 붙었다.

스스로에게 너무 화가 났다. 누가 강제로 시킨 것도 아니었 다. 오직 내 의지로 공부하고 또 하면서 극한 상황까지 나를 밀어붙였다. 공부 시간만 따지면 초등학생 중에서 전국 1등이 었을지도 모른다. 그런데도 가장 원했던 1지망 중학교에 들어 갈 수 없었다. 입시가 모두 끝난 3월, 나는 완전히 의욕을 잃 고 넋이 나가 있었다. 아무 생각도 할 수 없었다.

◆ 최고의 공부법을
훔치다

3지망으로, 그것도 턱걸이로 들어간 중학교에서 우리 반 출석부를 보고 깜짝 놀랐다. 초등학교 시절 전국 모의고사에 서 늘 상위권이었던 A가 나와 같은 반인 게 아닌가. A는 전 국에서 늘 10등 안에 들고 심지어 1등을 한 적도 있는 친구였 다. 중학교 입시 시절, 모의고사 성적이 우수한 학생들의 이름 을 발표하는 책자가 있었는데 A의 이름은 늘 표지에 대문짝만 하게 적혀 있었다. 나에게는 항상 선망의 대상이었다. 그런 A와 나는 옆자리에 앉게 되었고 우리는 급속도로 친해졌다.

싫든 좋든 A의 일거수일투족이 신경 쓰였다. 노트 정리부터 시작해서 수업을 어떻게 듣는지, 교과서를 어떤 식으로 활용하는지 빠짐없이 관찰했다. 그러고 나니 A와 나의 차이점을 명확히 알 수 있었다. A는 나와 전혀 다른 방법으로 공부하고 있었다. 우리 둘의 차이는 절대 머리가 아니었다. 공부하는 방법이었다.

그때부터 나는 A의 공부법을 철저히 훔치기로 마음먹었다. 우선 A는 노트 필기법부터 남달랐다. 중요한 내용은 먼저 분홍색 펜으로 정리해서 그 부분을 암기용 빨간 셀로판 시트로 보이지 않게 가린 뒤 외웠다. 다 외우지 못한 부분은 따로 표시해 두고 그 부분만 다시 집중적으로 반복한다고 했다.

또 학교 교과서 외에 따로 서점에서 참고서와 문제집을 사서 쉬는 시간에도 풀었다. 학교 수업만으로 이해되지 않는 내용은 직접 인터넷이나 책에서 찾아보기도 하고 수업에서 다루지 않는 심화 문제까지 풀었다. A가 왜 모든 과목의 내용을 잘 이해하는지 그제야 이유를 알 수 있었다.

우리는 집이 같은 방향이어서 종종 함께 전철을 탔다. A는 늘 전철을 타자마자 참고서와 노트를 펼치고 공부했다. 나도 덩달아 공부에 열을 올리게 되었다. 집에 가는 내내 별다른 이야기는 하지 않았다. 둘 다 공부에 집중하느라 대화랄 것도 딱히 없었다. 헤어질 때 전철에서 내리며 잠깐 몇 마디 나눌 뿐이었다. 하지만 내게는 침묵 속에서 그 친구와 함께 공부하는 시간이야말로 최고의 대화로 느껴졌다.

나는 말 그대로 A의 공부법을 훔치고 또 훔쳤다. 외워야 할 단어는 분홍색으로 쓰게 되었고 잘 외워지지 않는 부분은 집중적으로 반복하는 습관도 생겼다. 수업 내용을 잘 모르겠으면 도움이 될 만한 참고서를 사러 서점에도 자주 들렀다. 또 전체 공부 시간을 늘리기 위해 자투리 시간도 효율적으로 활용하려고 애썼다. 공부할 때는 최대한 집중력을 높이면서 공부의 밀도까지 신경 쓰게 되었다.

결국 내 공부법은 A를 흉내 내면서 바뀌기 시작한 셈이다. 하지만 나에게 최적화된 방법을 찾으려고 조금씩 고치기도 하고 내 나름의 방법도 고안해서 더해갔다. 그런 시간이 얼마나 지났을까? 놀랍게도 내 성적은 어느새 전교 3등까지 올랐다. 2등은 A였다. 아쉽게도 1등은 넘사벽의 제왕이 따로 있었다.

결국 졸업할 때까지 나는 A를 이기지는 못했다. 하지만 **전국 1등까지 해본 A를 턱밑까지 따라잡을 만큼 내 실력이 늘었다는 사실**에 나 자신도 놀랐다. 중학교 입시 시절 전국 10등 안에 드는 학생들을 구름 위, 아니 우주의 존재처럼 우러러보던 나였다. 그런 내가 이제는 그들과 어깨를 나란히 할 만한 실력을 갖춘 것이다. 자신감이 붙은 나는 **공부는 방법만 제대로 알면 기대 이상의 성과를 충분히 올릴 수 있는 것**이라고 확신했다.

♦ 중학교 입시에 실패한 원인을 분석하다

지금 생각해 보면 **중학교 입시 때는 너무 비효율적으로 공부했다.** 무작정 시간만 많이 투자하면 되는 줄 알았다. 아무리 졸음이 쏟아져도 꾸역꾸역 책상 앞에 앉아 있었고 그래야 성적이 오른다고 믿었다. 하지만 사실 졸릴 때는 공부해도 소용이 없다. 투자한 시간만큼 효율이 오르지 않기 때문이다. 그저 자리에 오래 앉아 있었다는 자기 위안일 뿐이다. 중요한 것은 최상의 컨디션으로 공부하는 시간을 얼마나, 어떻게 확보하

공부는 하기 싫지만 SKY는 가고 싶어

는가다.

공부하는 방법만큼이나 내용도 문제가 많았다. 학원에서 나눠준 문제집을 시키는 대로 풀기만 했으니, 당연히 성적을 올리는 데 효과가 없었다. 지금 나에게 어떤 문제 연습이 필요한지는 본인이 제일 잘 안다. 무작정 주어진 문제를 풀 것이 아니라, 스스로 부족한 부분을 정확히 파악하고 진짜 필요한 문제집을 직접 선택해서 필요한 양만큼만 공부해야 했다.

공부 방법도 개선할 점이 많았다. 특히 암기를 소홀히 한 것이 실패의 결정적 요인이었다. 나는 외우는 것이라면 어릴 때부터 질색인 데다 실력도 최악이라서 무작정 노트와 교과서를 몇 번이고 반복해서 읽었다. 하지만 그런다고 진짜 머리에 남았는지는 알 수 없었다. 암기한 내용을 확실히 내 것으로 만들려면 더 장기적으로 반복 학습을 계획해야 했다. 반복하는 타이밍이나 횟수도 최적화할 필요가 있었다. 가장 뼈아픈 실수는 공부 내용이 확실히 머릿속에 입력되었는지 세대로 확인도 하지 않았던 것이다.

당시에 공부하면서 좀 더 진지하게 방법을 고민했다면 훨씬 더 많은 부분을 개선할 수 있었을 것이다. 그랬다면 결과도 달라졌을 것이다.

♦ ## 공부를 시작하기 전에
'공부법'부터 배우자

　중학교 이후 효과적인 공부법을 찾기 위해 수많은 시행착오를 거친 결과, 나만의 해답을 얻었다. 그런 시각에서 보면 **대부분의 학생은 여전히 공부법에 개선할 여지가 많다.** 현장에서 아이들과 과외를 하면서 더 확실히 느낄 수 있었다.

　암기를 예로 들어 보자. 학생들은 단어나 공식을 외울 때 몇 번 읽거나 써 보고는 다 했다고 만족해한다. 그러나 처음 배우는 내용이 그런 식으로 쉽게 외워질 리가 없지 않은가. 당연히 효과가 없다. 문제점은 크게 두 가지다. 첫째는 암기의 결과치를 객관적으로 확인하지 않는 것이고, 둘째는 한 번 외운 다음 그 상태가 얼마나 오래 유지되는지 확인하지 않는 것이다(자세한 내용은 2장에서 설명하겠다).

　그런 학생들은 꼭 '나는 외우기를 못해서 암기 과목은 무리'라고 한다. 하지만 막상 내가 옆에 붙어서 같이 암기해 보면 멀쩡히 잘 외운다. 결국 **암기력이 약하다는 것은 소질이나 능력이 부족해서가 아니라 제대로 외우지 않았을 뿐이다.** 암기만이 아니다. 모든 공부가 똑같다. 공부 머리가 없어서 못한다는 사람도 알고 보면 제대로 된 방법으로 하지 않았을 뿐이다.

공부는 올바른 방법으로 노력하면 확실히 성과를 올릴 수 있는 근육 트레이닝과 같다. 나는 이 책을 통해 어른, 아이 할 것 없이 실천할 수 있는, 제대로 공부할 수 있는 법을 알리고 싶다. 다만 이는 그저 손쉽게 성과를 올릴 수 있는 묘책이 아니다. 평범한 사람에게 그런 마법은 존재하지 않는다. 이 책에서 전달하려는 바는 '공부한 만큼' 확실히 성과가 오르는 공부법이다. 다만 큰 성과를 바란다면 일정량의 공부 시간은 필수다. 공부 시간을 확보하기 위한 방법도 소개하니 꼭 참고하여 자신의 것으로 만들기를 바란다.

> **핵심 요약**
> 공부를 시작하기 전에 제대로 공부하는 방법을 배우자. 지금까지 성과가 없어도 괜찮다. 올바른 공부 방법만 익히고 실천하면 원하는 지식과 기술을 여러분의 것으로 만들고 성과를 낼 수 있다.

노력이 부족할수록
머리 탓만 한다

♦ ## 노력하지 않은 채
핑계만 찾지 말자

여러분은 혹시 최선을 다해보기도 전에 이 핑계 저 핑계를 대며 지레 포기하고 있지 않은가? 부모님이 공부를 못했으니 나도 머리가 나쁘다거나, 식구들이 다 문과라서 나도 이과 공부가 적성에 안 맞는다거나. 그런 생각을 하는 사람이 많을 것이다. 그래서 누구나 제대로 된 방법으로 공부하면 원하는 결과를 얻을 수 있다고 하면, 그거야 머리 좋은 사람들의 이

공부는 하기 싫지만 SKY는 가고 싶어

야기라고 반박할지 모른다.

하지만 태어날 때부터 머리도 좋고 뭐든지 쑥쑥 흡수하는 것처럼 보이는 그 사람도 사실 보이지 않는 곳에서 매일 열심히 노력하고 있다. 여러분도 그 사람만큼 노력하면 같은 결과를 얻을 수 있지 않을까?

내가 유튜브 채널에서 공부 경험담을 공유한 뒤에 영상을 본 대학교 친구들은 모두 놀라워하며 이렇게 말했다.

"우린 네가 그냥 천재인 줄 알았어. 그런데 엄청난 노력파였구나?"

맞다. 난 정말 죽을 만큼 공부했다. 대학교 다닐 때 같은 과 친구들에게 내가 만든 시험 대비용 정리 노트를 보여준 적이 있었다. 그 노트에 정리된 내용이 교수님의 실제 수업보다 이해하기 쉬워서 '갓벽 노트'라고 불리곤 했다. 나야 정리 노트를 만들 정도니까 당연히 시험을 잘 봤는데 친구들은 내가 진짜 머리가 좋은 애라고 생각한 모양이었다. 그런데 사실 나는 수업을 듣고 나서 잘 이해되지 않는 부분은 전공 서적까지 찾아보며 조사했다. 아마 다른 친구들보다 몇 배나 더 많은 시간을 공부했을 것이다.

여러분 주변에도 나와 같은 친구가 한두 명쯤 있었을 것이다. 맨날 공부를 제대로 못 했다며 엄살을 피우면서도 성적은 늘 상위권인 친구들 말이다. 그러나 그들의 말을 절대 믿지 않기를 바란다. 매일 노는 것처럼 보이지만 사실은 남몰래 엄청난 노력을 하고 있을 테니까.

♦ ## 성적이 오르지 않는 이유가
머리 탓인지 확인하는 방법

물론 어떤 사람은 정말로 머리가 나빠서 제대로 된 방법으로 공부해도 안 될 수 있다. 하지만 해보지도 않고 자기 머리가 나쁜지 어떻게 알 수 있겠는가? 막상 해보기도 전에 해봐야 소용없다고 지레 포기하고 있지 않은가? 그러면서 노력하지 않는 것을 정당화하고 있지는 않은가? 그런 태도는 오늘 게으름을 피운 자신을 변명하면서 잠시 마음의 위안을 얻으려는 것뿐이다. 결국은 머리 탓을 하면서 하기 싫은 일에서 도망치는 것이다.

공부는 하기 싫지만 SKY는 가고 싶어

정말 머리가 나빠서 공부를 못하는지 확인하는 방법은 하나뿐이다. **올바른 방법으로, 필요한 공부 시간을 확보해서, 할 수 있는 데까지 최선을 다해보는 것이다.** 공부에 관해 한 번쯤은 완벽주의자가 되어보자. 의욕이 생기는 법, 시간을 사용하는 법, 암기하는 법, 생각하는 방법 등 전체 공부 흐름을 계획하자. 지금 공부할 과목에 맞는 공부법은 무엇인지까지 연구하면서 자신의 한계에 도전해 보자.

그래도 계속 성적이 오르지 않고 머릿속에 지식이 남지 않는 기분이라면 그때 가서 비로소 나는 머리가 나빠서 공부해도 성적이 안 나온다고 생각해도 된다. 하지만 적어도 내 주변에서 머리가 나쁘다고 한탄하는 사람들을 보면 여전히 노력과 개선의 여지가 있다.

나는 형이 한 명 있다. 모든 면에서 형은 나보다 나았다. 달리기, 수영, 피아노 등등 정말 뭐든지 형이 더 잘했다. 형은 특히 기억력이 좋아서 암기는 절망적일 정도로 차이가 났다. 형은 금방 외웠고 또 잊어버리지 않았다. 당연히 공부도 형이 훨씬 잘했다. 단 처음에는 말이다.

우리 형제는 초등학교 저학년 무렵까지 부모님이 정해주신 대로 매일 아침 한 시간씩 공부했다. 나는 매일 빼먹지 않고 꼬박꼬박 공부했고 형은 가끔 농땡이도 쳤다. 그러자 신기한 일이 벌어졌다. 그렇게 재능에 차이가 있었는데 어느 순간부터 내가 더 문제집을 잘 풀게 되었다. 그러더니 언젠가부터는 모의고사 점수도 내가 더 높게 나왔다. 그때 나는 깨달았다.

'태어날 때부터 공부에 재능이 없다고 생각했지만 사실 아예 없는 것은 아니구나. 노력하면 실력은 반드시 쌓여.'

열심히 꾸준히만 하면 아무리 머리 좋은 사람일지라도 이길 수 있다는 확신을 얻게 되었다. 그래도 여전히 '난 정말 열심히 했는데도 점수가 오르지 않았다'라고 생각하는 사람은 아직 노력할 부분이 남아 있지 않은지 찾아보기 바란다. 이 책의 내용이 때때로 지나치게 꼼꼼하다고 느낄지도 모른다. 하지만 그런 작은 완성이 쌓이고 또 쌓여 놀라운 성과를 가져온다.

공부에 성공한 99.9%는 평범한 사람들이다

내 경험상, 특히 공부에서는 99.9%에 해당하는 사람들의 능력에 큰 차이가 없다. 물론 타고난 머리가 진짜 좋은 사람은 있다. 초등학생이 갑자기 대학교로 진학하거나 명문대 학생 중에도 내로라하는 머리를 지닌 '도쿄대생' 수준의 사람들이다. 하지만 그런 사람들은 천 명 중에 한 명으로 손에 꼽을 정도다.

내가 다닌 중고등학교는 모두 대학 진학률이 높은 곳이었다. 그곳에는 교과서를 한 번만 읽고도 바로 이해하거나, 기본 공식만 외우면 명문대 입시 문제까지 술술 풀어내는 등 경이로운 수준의 천재들이 물론 있었다. 하지만 그래봐야 학년 전체에서 두 명이다. 전국에서 공부 잘하는 애들만 모아놓은 500명 중에서 딱 두 명이다.

그 밖의 사람들은 약간의 차이는 있겠지만 도토리 키 재기 수준이었다. 그래도 명문대에 들어갈 수 있다. 결국 공부 성과에 큰 영향을 미치는 것은 재능이 아니라 방법과 양이다. 재능이 없다고 한탄할 시간에 할 수 있는 일들이 훨씬 많다. 공부법을 개선하고 전력을 다해 공부하면서 자신의 가능성을 점점 더 넓힐 수 있다. 누구나 다 할 수 있다.

> **핵심 요약** 머리가 나쁘고 좋고는 전력 투구해 보지 않고는 모른다. 공부법을 더 개선할 여지가 없는지를 생각하고 한계치까지 해보자.

공부는 하기 싫지만 SKY는 가고 싶어

내 머릿속에
해마가 없다고요?

◆ **기억력 최약체였던**
  어린 시절

나는 어렸을 때부터 기억력이 나빴다. 식구들끼리 옛날 이
야기를 할 때도 나만 생각나지 않는 경우가 많았다. 낭연히
공부할 때도 암기 과목은 성적이 유독 낮았다. 같은 내용을
몇 번씩 반복해서 공부해도 잘 외워지지 않으니 너무 힘들어
서 어떤 과목은 아예 공부를 포기하기도 했다. 중학교 입시
때 사회 과목의 점수는 완전히 바닥이었고 화학 같은 이과 암

기 과목도 비슷했다. 돌이켜 보니 처참했던 암기 실력이 중학교 입시의 가장 큰 실패 요인이었다.

하지만 중학교에 들어간 뒤 여러 시행착오를 거치며 공부한 내용을 머릿속에 확실히 새기는 방법을 찾아냈고 꾸준히 실천했다. 그 결과 중학교를 졸업할 무렵에는 암기 과목도 높은 점수를 받을 수 있었다. 그래도 여전히 공부 시간은 남들보다 더 많이 필요했다. 집에 있을 때는 방, 화장실, 부엌 할 것 없이 계속 공부, 공부, 또 공부했다. 학교에 갈 때는 걸으면서도 전철에 타서도 공부, 학교 쉬는 시간에도 물론 공부했다.

그러다 보니 정말 힘들 때도 있었다. 문득 이런 의문이 생겼다.

'다른 애들도 다 나처럼 이렇게 힘들게 공부하고 있을까?'

어느 날 전교 5등 하는 친구가 내게 어떻게 공부하느냐고 물었다. 내가 있는 그대로 알려주자 친구는 깜짝 놀랐다. 공부법은 물론이거니와 공부하는 시간도 그렇게까지 힘들게 하느냐고 놀라는 것이었다. 하지만 나도 놀랐다. 친구는 그렇게 하지 않아도 전교에서 5등을 할 수 있다는 사실이 충격이었다.

공부는 하기 싫지만 SKY는 가고 싶어

한편으로는 납득할 수 있었고 또 동시에 의문도 깊어졌다.

'맞아. 나처럼 열심히 공부하는 사람은 그렇게 많지 않을 거야. 난 이렇게 치열하게 공부하는데도 왜 제대로 못 외우는 걸까?'

◆ 결함을 극복하기 위해 필요한 건 노력뿐

그런 고민이 이어지던 어느 날이었다. 고등학교에서 유도 수업이 있었고 나는 바닥에 내동댕이쳐져서 머리를 부딪쳤다. 유도 수업이 끝난 뒤에도 한참 머리가 어지러워서 병원에서 검사를 받았다. 그리고 뇌 MRI 진단 결과에서 충격적인 소식을 들었다. 내 뇌에는 해마가 없다는 것이었다.

해마가 기억을 담당하는 곳이라는 사실을 알고 있었기에 나는 의사에게 물었다.

"그럼 저는 기억을 못 하는 건가요?"

의사는 걱정하지 말라면서 말했다.

"아니, 본래 해마가 있어야 할 장소의 주변 부위가 해마의 기능을 대체하니까 괜찮아."

의사의 대답에 그동안 내 기억력이 나빴던 원인을 찾아낸 기분이 들어 묘하게 속이 시원했다. 일상생활에 지장이 있을 정도는 아니지만 역시 기억력에는 영향이 있었던 것이다. 남들보다 몇 배나 더 열심히 외우고 반복하지 않으면 안 되는 이유를 비로소 발견한 순간이었다.

해마도 없는 내가 태어날 때부터 머리가 좋은 아이들과 경쟁하려면 어떻게 해야 할까? 나는 더 많이, 더 오래, 그리고 효과적인 공부법을 철저히 실천하자고 다짐했다. 그래야 그들과 대등하게 싸울 수 있다고 생각했다. 공부가 힘들 때면, 재능이 없는 내가 똑똑한 아이를 이기기 위해서는 양으로 승부를 보는 수밖에 없다며 스스로를 타일렀다. 그렇게 꾸준히 노력한 결과 마침내 중학교 때부터 목표였던 도쿄대학교에 현역으로 합격했다.

대학교를 졸업하고 회사에 취직한 뒤에도 공부는 계속되

었다. 업무에 필요하다고 생각해서 영어 회화를 공부했고 프로그래밍도 배웠다. 매일 꾸준히 몇 시간씩 공부해서 업무 현장에서 써먹을 수 있는 수준까지 다양한 분야에서 실력을 키웠다. 지금 생각하면 나는 남들보다 인생에서 훨씬 더 많은 시간을 공부에 쏟아부은 셈이다.

◆ 고군분투하며 정착한 나만의 공부법을 공개한다

우연한 기회에 유튜브에서 내 이야기를 하게 되었다. 당시 '해마가 없어서 기억력이 나쁜데도 엄청난 시간을 공부에 쏟아서 도쿄대에 합격했다'라는 스토리로 크게 주목받았고 조회 수가 무려 100만을 넘겼다. 약점을 극복할 만큼 노력한 여정에 깊이 감동했다며 자세한 공부 방법이 궁금하다는 내용의 댓글이 줄을 이었고, 덕분에 출판사의 의뢰를 받아 책까지 쓰게 되었다.

책 출간을 앞두고 내 머릿속에 해마가 없다는 사실을 다시 한번 확인해야겠다고 마음먹었다. 그래서 20여 년 만에 뇌

MRI를 다시 촬영했다. 그런데 결과는 충격적이었다. 해마가 있었던 것이다. 앞서도 설명했듯이 뇌가 비어 보이는 하얀 덩어리는 사실 지주막 낭종, 즉 수액으로 가득 찬 물혹이었다. 뇌에 이상이 있는 것은 아니지만 물혹 근처에 있는 해마가 압박받아 기억력이 나빠졌을 수 있다고 했다.

20년도 넘게 내 머릿속에 해마가 없다고 생각했으니 검사 결과는 정말 충격이었다. 과거의 그때는 정말 해마가 없었던 것인지, 물혹에 가려서 안 보였던 것인지 그것도 아니면 의사의 말을 오해한 것인지 지금으로서는 확인할 방법이 없다.

새로운 결과지를 받은 나는 머릿속에 해마가 있다는 사실이 내심 다행이었지만 이대로 책을 내도 될지 심각하게 고민했다. 하지만 해마가 물혹에 눌려 있어서 기억력에 악영향을 미칠 수 있다는 것은 여전한 사실이다. 그런 상황에서 악전고투하며 고안해 낸 암기법과 공부 방법은 누군가에게 분명히 쓸모가 있겠다고 생각했다. 특히 기억력이 나빠서 공부 자체가 싫어지고, 그 결과 더 공부를 못하게 된 사람들에게 작게나마 도움이 될 것이라고 믿고 출판을 결심했다.

나는 이 책에서 '하면 된다'라는 식의 정신 무장론을 펼칠 생각은 없다. 당장 오늘부터 누구나 써먹을 수 있는 실질적인 공부법을 소개할 것이다. 비록 해마는 있었지만 내가 갈고닦으며 실천했던 진짜 공부법을 이 한 권에 모두 쏟아냈다. 부디 끝까지 읽고 확실히 성과가 따르는 공부법을 여러분의 것으로 만들기를 바란다.

> **핵심 요약**
>
> 내 머릿속에 해마가 아예 없든, 물혹에 눌려 있든 기억력이 나쁘다는 사실은 달라지지 않는다. 이 책에는 기억력이 최악인 나도 착실히 공부해서 성과를 올린 방법을 구체적으로 소개했다. 마지막까지 차분히 읽고 실천하면 여러분의 실력도 확실히 오를 것이다.

꼴찌도 상위 10%에 드는 성적 향상의 비밀

♦ **만년 중하위권에서 전교 20등까지 상승한 중학생 N의 이야기**

당장은 성적이 안 나와도 방법만 제대로 실천하면 누구나 상위 10% 안에 들어갈 수 있다. 허무맹랑한 이야기가 아니다. 현실적으로 가능하다는 사실을 직접 지도한 학생의 사례로 확인해 보자.

중학생 N은 내가 처음 가르치기 시작했을 때 학년 전체 200여 명 중에서 150등 정도 하는 아이였다. 중하위권 정도이니 공부를 잘한다고는 할 수 없는 수준이었다. 수업을 시작한 지 얼마 안 돼서 왜 성적이 안 나오는지 원인을 바로 알 수 있었다. 한 마디로 이 학생은 공부를 전혀 하지 않았다. 숙제도 당연하다는 듯 안 해 왔다. 그러니 과외를 시작하고도 한참 동안 성적이 제자리걸음이었다. 그런데 어느 날 학생이 진지하게 고민을 털어놓았다.

"선생님, 저도 공부는 하고 싶어요. 그런데 집중이 잘 안되어서 금방 딴짓하게 돼요. 어떻게 하면 좋죠?"

갑작스러운 각성의 이유는 알 수 없지만 아마 공부를 열심히 하는 주변 친구들에게 자극을 받은 모양이었다. 본인이 공부하고 싶다는 의지가 생기면 이야기는 끝난 셈이다. 나는 공부하기 싫을 때 어떻게 그 마음을 이겨낼 수 있는지 몇 가지 방법을 알려주었다. 우선 학교에서 돌아오면 무조건 바로 책상 앞에 앉으라고 했다. 옷도 갈아입지 말고 그대로 앉아야 한다. 집에 와서 어슬렁거리며 쓸데없이 날리는 시간을 줄이기 위해서다. 바로 다음 주에 갔더니 정말 그대로 책상 앞에 교복 차림으로 앉아서 공부하고 있었다. 그런 식으로 차츰 공부 시간이 늘고 습관이 잡히니 성적이 쑥쑥 좋아져서 금방 50 등까지 올라갔다.

이와 동시에 교재를 복습하고 공부 내용을 암기하는 방법을 개선했다. 이 학생은 원래 암기할 때 교재에 아무것도 쓰지 않고 자신이 문제의 어느 부분에서 틀렸는지 체크도 하지 않았다. 교재를 처음부터 끝까지 세 번 정도 반복하여 읽기만 하면서 시험을 준비했다. 효율이 굉장히 낮은 반복 작업이었다. 그래서 해결책을 몇 가지 제시했다. 잘 안 외워지는 내용을 중점적으로 반복할 것, 그 반복하는 시기도 최적화할 것 등 효과적인 암기법을 자세히 가르쳐 주었다.

학생은 그 방법들을 한 가지씩 익히고 실천해서 최종적으로는 학년에서 20등 이내의 성적을 유지할 수 있을 만큼 성장했다. **이 학생의 성공 요인은 성실함이었다. 내가 안내한 대로 믿고 성실히 실천해서** 좋은 결과를 얻을 수 있었다.

부족한 암기력에도 포기하지 않은 중학교 입시생 T의 이야기

위의 학생처럼 성실하게 잘 따라오는 사람만 있는 건 아니다. 중학교 입시를 준비하던 초등학교 6학년 T의 사례를 보자. 내가 가르치기 시작했을 때 T의 편차치[1]는 45 정도였다. 지망하는 중학교의 평균 편차치는 65. 수업 의뢰를 받은 것이 여름 무렵이었으니 합격 안정권에 들려면 반년 동안 편차치를 20이나 올려야 했다. 막상 수업을 시작해 보니 생각했던 것보다 더 무모한 도전이었다. 다행히 수학은 그런대로 잘하는 편으로 편차치 60 정도의 실력이었다. 하지만 사회나 생물 같은 암기 과목은 참담했다. 무엇보다 본인이 암기를 너무 싫어해서 이쪽 과목은 공부할 의욕이 전혀 없었다.

암기 과목 성적이 이 정도로 낮으면 편차치 65는 꿈도 꿀 수 없다. 그래서 우선은 암기 과목부터 다지기로 하고 수업을 시작했다. 문제는 학생 혼자서는 공부 능률이 전혀 오르지 않

---

1 편차치(偏差値)는 일본에서 학생의 학력 수준을 상대적으로 평가하는 지표다. 평균 점수를 중심으로 상대적인 위치를 나타내는데 편차치 50이면 평균, 60 이상이면 상위권에 속한다. 우리나라의 표준점수, 백분위, 등급을 합친 개념과 비슷하다.

는다는 점이었다. 나와 같이 수업하며 외울 때면 그런대로 따라오지만, 숙제로 내주고 다음에 확인하면 하나도 못 외운 채였다. 학생은 '선생님과 할 때처럼 공부해도 외워지지 않는다'라며 하소연했다.

얼마나 열심히 공부하고 외웠는지 확인하려 학생의 교재를 살펴봤더니 교재가 깨끗했다. 나는 교재에 여러 색깔 펜으로 표시하면서 외워야 한다고 지도했기 때문에 이 학생이 내 공부법대로 착실히 실천했다면 분명히 책에 그 흔적이 있어야 했다. 책에 아무 표시가 없다는 것은 결국 그 학생이 제대로 공부하지 않았다는 뜻이었다. 하는 수 없이 수업 중에 다시 함께 외우니까 역시 제대로 잘 암기했다. 그러나 혼자서 하라고 시키면 **또 가르친 대로 하지 않았고 당연히 외우지 못했다.**

공부하지 않고 놀고 싶은 마음을 모르지는 않는다. 머리에 들어오지 않는데 억지로 집어넣으려니 귀찮고 힘들 테다. 하지만 그 마음을 이겨내지 않으면 원하는 결과를 얻을 수 없는 것이 냉엄한 현실이다.

과외를 시작한 지 석 달이 지날 때까지 그 학생은 스스로 암기 공부를 하지 않았다. 당연히 실력이 전혀 늘지 않았고 성적도 오르지 않았다. 입시가 바로 코앞이니 어쩔 수 없이 내가 거의 매일, 몇 시간씩 붙어서 함께 암기 공부를 했다. '이 것 봐, 하니까 되잖아. 나중에는 너 혼자서 할 수 있어야 돼' 하는 마음이었다.

학생은 시험 한 달 전에야 겨우 암기 범위를 다 외웠고 기출문제에서 합격선에 가까운 점수가 나왔다. 어쩌면 붙을 수도 있겠다는 희망을 품을 수준까지 실력이 오른 것이다. 그렇게 마지막까지 포기하지 않고 최선을 다했고 입시 결과는 놀랍게도 합격이었다. 정말 기적이었다.

♦ **제대로 공부하면
누구나 상위 10%가 될 수 있다**

이 두 학생의 사례를 통해 전하고 싶은 이야기는 단 하나다. 제대로 된 방법으로 공부한다면 누구나 현실적으로 상위 10% 안에 들어갈 수 있다. 중요한 것은 공부하겠다는 의지다. 두 학생 모두 실력은 평범했다. 평균보다 잘하는 것도 있었고 못하는 것도 있었다. 특출나게 잘한다거나 치명적인 약점도 없었다. 여러분의 상황도 대부분 이 두 사람과 비슷할 것이다.

결국 우리는 이런 교훈을 얻을 수 있다. 평범한 사람이라도 어느 정도의 공부량과 효과적인 공부법으로 열심히 하면 상위 10%의 결과를 낼 수 있다. 자신이 속한 집단의 평균적인 수준이 높다고 포기할 필요는 없다. 반대로 생각하면 본인이 그 집단에 소속될 수 있을 정도의 능력을 지녔다는 뜻이므로 상위 10%는 충분히 현실적인 목표다.

내가 알려준 공부법을 실천하려면 치열한 노력이 필요한 것도 사실이다. 과외 학생 중에서는 애써 방법을 알려주어도 귀찮고 힘들다며 하지 않는 사람도 많았다. 간혹 "선생님이 알려주신 공부법을 저한테 맞게 바꿨어요"라는 학생도 있다. 하지만 알고 보면 그저 편한 대로 과정을 생략하거나 바꾸었을 뿐이다. 물론 자신에게 최적화하려는 노력은 바람직하며 필요하다. 하지만 그 목적이 진정한 최적화인지 그냥 편하고 싶은 마음인지는 냉철하게 스스로 판단해야 한다. 공부하면 결과는 반드시 따른다. 그러므로 쉽고 편한 길로 빠지려는 자신과의 싸움에서 이겨보자.

2장

'기억 못 하는 뇌'를
이기는 공부법

전략 1

등수를 바꾸는
교재 선택 방법

잘 고른 책 한 권이
내 인생을 바꾼다

♦ ## 교재를 고르는 일은
좋은 집을 구하는 것과 같다

나는 어떤 공부를 시작할 때 꼭 서점에 가서 참고서와 문제집을 구입한다. 인터넷 정보나 자료만으로도 공부할 수는 있지만 하나의 주제에 관해 세부적으로 또 총망라해서 파악하려면 여전히 책만 한 것이 없다.

교재는 온라인 서점에서 간편하게 살 수도 있고 전자책으로 읽을 수도 있다. 구매자들이 남긴 후기를 보면서 책의 수준이나 내용을 예상할 수도 있다. 하지만 인터넷으로는 책의 실질적인 내용까지 파악할 수 없다. 나의 수준이나 필요에 맞지 않는 책을 사게 될 수도 있다. **여러분은 자신의 인생을 좌우할 정도로 중요한 물건을 사는데 그것을 제대로 살펴보지도 않고 결정하겠는가?**

집을 산다고 생각해 보자. 내부도 보지 않은 채 부동산 중개업자의 말만 듣고 사는 사람은 당연히 없다. 책을 집과 비교하다니 억지가 심하다고 생각할지 모르지만 내 생각은 다르다. 어떤 참고서와 문제집을 활용하느냐에 따라 목표 달성 여부가 결정된다. 대학 입시와 자격증 시험의 합격 여부가 내가 지금 선택하는 책에 달린 것이다.

지금까지 나는 대학 입시 공부뿐 아니라 영어나 프로그래밍처럼 다양한 기술을 책에서 배웠다. 그 과정에서 시행착오도 많았다. 알맹이 없는 책을 고른 탓에 시간은 시간대로 낭비하고 제대로 된 실력은 기르지 못한 적도 있다. 반면 내게 딱 맞는 교재를 골랐더니 내용이 술술 머릿속에 들어오고 스스로 놀랄 정도로 실력이 느는 경험도 했다.

어떤 책을 선택하느냐가 공부에서 얼마나 중요한 요소인지 절감했기에 집착이라고 할 정도로 좋은 책을 찾아다녔다.

좋은 참고서와 문제집을 찾아내어 그것으로 공부하지 못했다면 도쿄대 합격은 물론 지금 지닌 지식과 기술의 습득도 불가능했을 것이다. 그러니 반드시 기억하자. 어떤 책으로 시작하느냐에 따라 모든 공부의 성공과 실패가 갈린다.

유망한 분야의 자격증을 따고 어려운 기술을 익히면 취직과 이직에 유리하게 활용할 수 있다. 그 결과 생애 임금이 수천만, 아니 억 단위까지 차이가 난다. 당장 대학교 입시만 해도 그렇다. 대학이 전부는 아니지만 현실적으로 좋은 학교에 들어가면 인생의 가능성은 훨씬 더 커진다. 따라서 지금 여러분의 공부에 필요한 좋은 책을 찾아내는 일은 좋은 집을 사는 것과 마찬가지다. 아니 그 이상의 가치가 있다.

내 눈으로 직접 보고 스스로 판단한다

참고서와 문제집을 고를 때 절대 하면 안 되는 행동이 있다. 남들이 좋다고 해서, 다들 쓰는 교재니까 사는 것이다. 여기서 말하는 남은 말 그대로 자기 외의 다른 사람 모두다. 인터넷의 평판은 물론 친구, 선생님, 부모까지 포함한다. 흔히 공부 잘하는 친구에게 물어보고 그 친구가 추천하는 책을 사거나 선생님이 골라주는 책을 사는 실수를 저지른다.

자기 실력에 자신이 없을 때 이런 식으로 남에게 기대고 싶은 마음은 충분히 이해한다. 하지만 그 사람들은 여러분의 현재 지식수준과 이해 정도, 습득 속도와 같은 능력을 정확히 파악하지 못한다. 또 그들과 여러분은 책의 어떤 구성이 더 보기 쉽고 어떤 설명 방식이 이해하기 쉽다고 느끼는지 다르다. 책을 고를 때는 자기 실력 외에 감성도 중요한 요소다. 선생님이라면 여러분의 실력을 정확히 파악할 수도 있겠지만 감성은 자기가 제일 잘 알 것이다. **결국 나에게 맞는 책이 무엇인지는 나 자신밖에 모른다.**

이렇게 말하는 나도 경쟁상대였던 친구가 쓰던 책을 따라사서 공부했었다. 개중에는 덕분에 성적이 크게 오른 좋은 책을 만나기도 했다. 반면 디자인과 설명 방식이 나와는 맞지 않아 좀처럼 머릿속에 들어오지 않는 책도 있었다. 그때 나에게 최고의 책은 직접 골라야 한다고 절실히 느꼈다. **물론 타인이 권하거나 남들이 쓰는 책을 참고로 하는 건 좋다.** 하지만 그 책을 선택할 때는 어디까지나 자신에게 맞는지 아닌지로 결정해야 한다.

◆

찐 참고서
덕후가 되자

공부를 시작할 때 흔히 참고서 덕후가 되지 말라고 한다. '참고서 덕후'란 온갖 참고서를 다 사들이면서 정작 공부는 제대로 하지 않는 사람들, 즉 책을 사서 모으는 행위에만 만족하는 사람들이다. 책장에 교재와 참고서가 가득하지만 내용은 하나도 자기 것으로 만들지 못한 사람을 비웃는 말이다.

물론 그런 의미의 참고서 덕후가 되어서는 안 된다. 나는 학창 시절, 다른 의미에서 참고서 덕후였다. 참고서와 문제집의 중요성을 통감한 나는 **대형 서점에서 책을 고르느라 몇 시간씩 머물렀다.** 중고등학생 시절에는 지금처럼 인터넷에 참고서나 문제집 정보가 많지 않았기 때문에 우선은 서점에 가서 실물을 찾아 살펴봤다. 지금은 해당 분야의 책을 인터넷으로 먼저 조사하고 서점에 간다. 인터넷의 정보는 참고 정도만 하는데, 평점이 높은 책을 찾는 게 아니라 해당 과목의 책을 모두 검색해서 놓치는 책이 없도록 하기 위해서다.

　서점에 도착하면 **공부하려는 과목의 책을 전부 확인한다.** 전부래 봤자 생각보다 권수는 많지 않다. 한 과목에 20권을 넘는 경우는 드물다. 그 정도의 책을 제대로 살펴보려면 몇 시간은 걸린다. 과목에 따라 다르지만 **나는 한두 권의 참고서나 문제집을 고르는 데 4시간 정도를 쓴다.**

　좋은 참고서를 고르는 구체적인 방법은 다음 장에서 자세히 설명하겠지만 단계를 대략 안내하면 이러하다. 우선 모든 책을 가볍게 읽어보면서 후보가 될 만한 책이 있는지 살펴본다. 그다음은 디자인이다. '이 책은 이런 부분까지 자세히 설명하지만 단색이라서 보기 어렵다'와 같이 장단점을 메모한다. 그렇게 고르고 고른 후보 중에서 메모를 보며 3~4권으로 추린 다음 책의 내용을 찬찬히 읽고 비교하면서 지금 나에게 가장 적합한 책을 고른다. 학생이나 직장인도 휴일을 사용하면 충분히 가능하다. 힘들다면 며칠에 걸쳐서 골라도 된다. 오늘은 우선 3~4권 정도 추려놓고 다른 날 그 안에서 실제 구입할 책을 선택하는 식이다.

　이렇게 하다 보면 참고서와 교재를 고르는 데만 몇 주가 걸릴 때도 있다. **하지만 그만큼 시간을 들일 가치는 충분하다.**

　　　　공부는 하기 싫지만 SKY는 가고 싶어

공부 시간을 생각하면 오히려 시간을 절약하는 길이다. 왜냐하면 자기에게 맞지 않는 책으로 공부하는 것과 최적의 책으로 공부하는 것은 효율 면에서 하늘과 땅 차이가 나기 때문이다. 목표 수준에 도달하기까지 시간이 수개월 단위로 차이가 날 수도 있다. 그러므로 몇 주가 걸리더라도 자기에게 맞는 좋은 책을 찾아내는 것은 경제적일 뿐 아니라 시간적으로도 합리적이다.

또 그렇게 천천히 해당 과목의 책을 음미하다 보면 그 **분야의 모든 참고서와 문제집이 지닌 특징을 대략 파악하게** 된다. 물론 개별적인 세부 내용까지는 모르겠지만 참고서 선정에 필요한 정보는 알 수 있다. 같은 분야를 공부하는 친구에게 조언할 수 있는 수준까지 오르는데 이것이 내가 말하는 '**진짜**' 참고서 덕후의 상태다.

시간을 들여 참고서와 문제집을 고르는 과정은 공부할 때 헤매지 않게 하는 효과도 지닌다. 제대로 살펴보지 않고 고른 책으로 공부하기 시작하면 인터넷에서 우연히 본 책이나 친구가 공부하는 책을 보고, 더 좋아 보이거나 더 효과가 있을 것 같은 마음이 들어 유혹에 빠지기 쉽다. 기대만큼의 성과가 나오지 않는 이유를 자신도 모르게 책 탓으로 돌리게 된다.

그래서 또 다른 책으로 옮겨 갔다가 성적이 오르지 않아서 다시 바꾸는 등 개미지옥에 빠지게 된다. 어중간하게 손을 대다만 책만 늘어나서 전형적인 '망한 참고서 덕후'가 된다.

처음부터 자기 눈과 손으로 제대로 살펴보고 책을 고르면 다른 책에서 유혹의 손길이 뻗어 와도 흔들림 없이 자신감을 가지고 끝까지 공부할 수 있다. 집중력이 높아지기 때문에 성과가 날 때까지의 시간이 한층 더 짧아진다.

> **핵심 요약** : 참고서와 문제집은 직접 서점에 가서 시간을 들여 고르자. 공부할 분야의 책을 전부 섭렵하고 나에게 가장 잘 맞는 것을 선택한다. 그것이 결국에는 공부 시간을 절약하고 인생을 바꾸는 지름길이 된다.

술술 읽히는 기본서가
공부의 시작점

◆ **첫 책은 전체를 쉽게 파악할 수 있는**
얇은 교재로 고른다

무슨 일이든 시작할 때는 의욕이 넘친다. 공부도 마찬가지다. 그래서 처음부터 두껍고 내용이 많은 참고서로 달려드는 경향이 있다. 나도 그랬다. 하지만 이제 막 공부를 처음 시작하는 상황이라면 기본 개념부터 차근차근 잡아야 한다. 처음부터 자세한 내용까지 설명해 놓은 책을 읽어도 아직 머릿속에 아무런 개념이 없는 상태에서는 이해하기 쉽지 않다. 오히려 방대한 지식에 허덕일 뿐이다. 결국 의욕은 점점 사라지고 책을 펼치는 빈도가 줄다가 어느 날 구석에서 먼지 쌓인 책을 발견하게 된다.

초심자가 가장 고심해야 할 부분은 어떻게 하면 처음의 의욕을 잃지 않고 일정 기간 공부를 계속할 수 있는가다. 경험상 우선 공부를 3개월만 지속할 수 있다면 그다음부터는 비교적 수월하게 계속해 나갈 수 있다. 이미 들인 시간이 아깝기 때문이다.

공부를 3개월 동안 포기하지 않고 지속하려면 우선 이해하기 쉬우면서도 새로운 지식을 끊임없이 배울 수 있는 책을 골라야 한다. 공부를 처음 시작할 때는 가장 의욕이 넘치는 시기이므로 내용이 쉽게 이해되면 점점 더 높은 단계로 올라가고 싶은 마음이 생긴다. 그 과정에서 자신이 성장하고 있다고 실감하면 더욱 의욕이 솟아난다. 그럴 때 우리 뇌는 지식을 받아들이기 쉬운 상태가 되어 계속 새로운 지식을 흡수하게 되고, 또다시 의욕이 솟아나는 선순환의 궤도에 올라탈 수 있다. 그러므로 공부할 때 맨 처음 봐야 할 책의 조건은 기본 개념 정도만 정리되어 있어도 괜찮으니 무엇보다 이해하기 쉽고 술술 읽혀야 한다는 점이다.

공부는 하기 싫지만 SKY는 가고 싶어

이 조건을 만족했다면 그다음으로 살펴봐야 할 부분은 책의 두께다. 공부를 시작하는 처지에서는 **무조건 얇은 책부터 봐야 한다.** 입문서는 두께가 얇을수록 기본 개념의 핵심만 추려서 담았을 확률이 높다. 전체적인 큰 그림을 그리는 게 공부의 시작점이며, 학습할 내용의 전체상을 파악하고 있으면 세부 내용을 공부할 때 훨씬 이해가 쉬워진다. 정보는 머릿속에서 또 다른 정보와 연결될 때 단단하게 엮이며 '이해하고 있다'라는 감각을 만들어주기 때문이다.

반대로 전체상을 이해하지 못한 채 각론만 공부하다 보면, 지금 배우는 내용이 앞으로 어떻게 무엇과 연결되는지 알 수 없다. 결국 금세 지루해지거나 당장은 외워도 바로 머릿속에서 빠져나가 버린다. 전체 내용을 빠르게 파악하는 것이 이후 학습의 속도와 깊이를 결정하는 만큼 두꺼운 책은 절대 불리하다.

정리하자면 공부를 시작할 때 첫 번째로 선택할 책은 막힘없이 술술 읽히며 두께가 얇아야 한다. 앞으로 이런 책을 '초심자용'이라고 하겠다.

개념 참고서를 활용해
모든 의문을 해소한다

아무리 쉽게 쓰인 참고서라도 잘 이해되지 않는 부분이 있기 마련이다. 그냥 모르는 상태로 계속 진도를 나가다 보면 나중에 그 내용 때문에 막히는 부분이 생긴다. 사소한 것이라도 의문이 생길 때마다 해결하는 편이 좋다.

제대로 내용을 이해하면서 공부하다 보면 호기심이 생긴다. '이건 어떻게 해서 이렇게 되는 거지?' 하며 더 깊이 파고들고 싶어진다. 이 호기심은 공부한 내용을 머릿속에 더 확실히 각인하거나 이해를 심화할 수 있는 절호의 기회이므로 절대 놓치면 안 된다. 이때 '이 정도면 됐다' 하며 적당히 지나치는 사람과 깊이 탐구해서 답을 찾아내는 사람은 길게 보면 엄청난 차이가 벌어진다.

결국 앞서 이야기한 얇은 초심자용 책과 함께 또 한 권, 의문과 호기심에 답해 줄 수 있는 사전 형식의 개념 참고서가 필요하다. 물론 사전처럼 단어 하나하나 설명한 책이 아니어도 괜찮다. 공부할 분야의 지식이 총망라되어 있는 동시에 개념이 자세히 설명된 책이면 된다. 이 책은 초심자용 책으로는 이해할 수 없거나 궁금했던 내용을 자세히 알고 싶을 때 활용한다. 예를 들어 초심자용 책에서 배운 용어에 대해 좀 더 깊이 있게 알고 싶다고 하자. 그때 사전식 개념 참고서의 색인(찾아보기)에서 용어를 찾아 해당하는 페이지만 읽는 식으로 활용하는 것이다.

개념 참고서를 고를 때의 핵심은 분량과 색인이다. 가능한 한 많은 내용이 담기고 용어의 색인이 자세히 정리된 책이어야 한다. 먼저 책의 표지와 소개 부분을 살펴보면서 분량을 강조하는 참고서를 3권 정도 고른다. '핵심 개념 총망라', '빠짐없이 정리', '한 권에 모두 담았다!'와 같은 광고가 눈에 띌 것이다. 그런 다음 각 참고서의 색인에서 굵은 글씨로 표시되거나 중요하다고 생각되는 핵심 용어를 5개씩 모두 15개 발췌한다. 참고서마다 이 15개 용어 중 몇 개나 포함하고 있는지 확인한 뒤 제일 많이 수록된 책을 고른다. 단어 수가 비슷할 때는 실제 본문을 읽어보고 설명이 더 살 이해되는 교재를 고른다.

3회독하며 소리 내어
설명할 수 있는 수준에 이른다

초심자용 책을 활용해서 공부하는 방법을 구체적으로 살펴보자. 가능한 한 빨리 전체 내용을 파악하기 위해서 **초심자용 책을 빠르게 3회독한다.** 이때 자세한 내용까지 외울 필요는 없다. 굵은 선이나 빨간색 글자처럼 중요 표시가 된 키워드 정도만 외운다. 따로 형광펜으로 선을 긋거나 암기 작업을 할 필요도 없다. 자세한 내용은 두 권째부터 외울 것이므로 괜찮다. 첫 번째 책으로 밑그림을 먼저 그린 다음 두 번째 책부터 가지를 뻗으며 세세한 곳까지 채운다고 생각하면 된다.

초심자용 교재를 공부하면서 개념 참고서에서 조사한 내용을 써넣는다. 그렇게 하면 이 책을 읽을 때마다 다시 조사하지 않아도 되고 이전에 내가 적어둔 흔적을 보기만 해도 관련 내용이 연상되어 기억이 더 단단해진다.

단 주의점이 있다. 3회독을 한다고 해서 한 번에 처음부터 마지막 페이지까지 쭉 이어서 읽으면 안 된다는 점이다. 한 장마다 충분하고 확실하게 이해했는지 확인하고 나서 다음 장으로 진행한다. 충분히 이해했는지는 어떻게 확인할 수 있을까? 지금 읽고 있는 장에서 외운 키워드를 가지고 장 전체 내용의 개요를 소리 내어 설명할 수 있으면 된다. 핵심은 '소리를 낸다'에 있다. 머릿속으로만 생각하면 이해하지 못해도 알아차리기 어렵다. 앞에 친구가 있다고 생각하고 공부한 내용을 소리 내어 설명해 보자. 처음에는 분명 막히기도 하고 스스로 설명하면서도 잘 모르는 곳이 있을 것이다. 그때는 일단 멈추고 초심자용 책에서 해당 부분을 찾아 읽는다. 때로는 개념 참고서를 찾아보고 확실히 이해한 다음 다시 설명한다.

이런 과정을 나는 '그림자 설명'이라고 부른다. 실제로는 아무도 없지만 누군가를 상상하면서 소리 내어 설명하는 것이다. 내 머릿속에 들어 있는 지식을 정리하는 것이 목적이므로 말하면서 스스로 잘 이해되면 충분하다. 이렇게 각 장마다 개요를 설명할 수 있는 수준까지 반복하면서 3회독이 끝나면 초심자용 책은 졸업이다.

> **핵심 요약**
> 첫 번째 책은 전체 내용을 빠르게 파악하고 이해할 수 있는 얇고 쉬운 책을 고르자. 이와 함께 의문이나 궁금증을 해소하기 위해 종합 지식이 망라된 개념 참고서도 함께 사용한다. 3회독하면서 각 장의 개요를 소리 내어 말로 설명할 수 있으면 첫 번째 책은 졸업이다.

책의 난도는
단계적으로 높인다

◆ ## 그다음 책의 수준은
단계를 두고 높여간다

첫 번째 책을 끝낸 후 다시 서점에 간다. 이미 목표 달성을 위해 앞으로 어느 정도의 실력이 더 필요한지 알 수 있는 상태다. 시험 합격이 목표라면 이때 기출문제를 풀어보면 좋다. 두 번째 책부터는 목표 수준과 현재 실력의 차이를 메울 수 있는 것으로 골라야 한다. 그 상태에서 책을 찾다 보면 전에는 이해하지 못했던 내용이 하나둘 눈에 들어올 것이다. **해당**

공부는 하기 싫지만 SKY는 가고 싶어

분야의 책을 천천히 훑어보면서 세 종류로 나눠보자.

① 지금은 이해하게 된 책
② 조금만 더 공부하면 이해될 것 같은 책
③ 아직 이해하기 어려운 책

지금 단계에서 선택할 책은 ①번이나 ②번이다. ①번을 건너뛰고 바로 ②번 수준의 책으로 공부할 수는 있다. 앞서 고른 개념 참고서를 활용하면 못 할 것도 없지만 꽤 끈기가 필요하다. 그러므로 우선 ①번 책을 살펴보기를 추천한다. 서점에서 읽으면서 막히는 곳 없이 술술 읽히는 책이 좋다.

그럼에도 ①번 책은 다 아는 것 같고 시간도 아끼고 싶어서 바로 ②번을 시작하는 사람이 있다. 어느 정도 위험을 감수해야 하는 선택이다. 난도가 있으므로 공부하다가 좌절하기 쉽고, 또 좌절까지는 아니라도 이해하는 데 시간이 걸려서 좀처럼 진도가 나가지 않을 수 있다. 결국 ①번 수준의 책을 공부하면서 실력을 확실히 다진 다음 ②번에 도전하는 편이 오히려 공부를 더 빨리 끝낼 수 있는 방법이다. 정신 면에서도 매일 공부해서 스트레스를 많이 느끼지 않을 난이도의 책이 의욕을 떨어뜨리지 않고 계속하기 좋다.

또 이 단계에서는 문제집으로 실전에 대비한 실력을 키우는 것이 중요해진다. 먼저 ①번 수준의 참고서와 함께 문제집도 고르자. 참고서와 문제집이 한 권으로 되어 있는 책도 좋다. 이렇게 ①번 수준의 책을 다 고르면 조금만 더 공부하면 알 것 같은 ②번 수준의 문제집을 골라 책 제목을 메모해 두자. 이때 핵심은 참고서 말고 문제집만 고르는 것이다. ②번 수준의 내용을 공부할 때는 이미 새로운 참고서가 필요하지 않은 경우가 많다. 문제집의 해설을 충분히 이해할 수 있는 수준까지 실력이 올랐기 때문이다. 만일 모르는 내용이 있어도 이전에 마련해 둔 개념 참고서로 해결할 수 있는 것이 많다. 그러므로 ②번 수준에서는 문제집으로 충분하다.

또한 ①번 책을 고르면서 ②번 책도 미리 골라두기를 추천한다. 이 책을 끝내면 저 책에 도전한다고 정해놓으면 공부 의욕을 유지할 수 있다. 또 ①번 책을 끝낸 다음 ②번 책을 술술 푸는 자기 모습을 상상하면 좀 더 의욕이 솟을 것이다.

현재 공부하는 참고서와 문제집을 졸업하고 다음 단계로 올라가는 기준은 정답률이다. 참고서라면 주요 내용을 완벽히 외웠을 때, 문제집이라면 정답률이 안정적으로 90% 정도

나올 때 다음 책을 시작해도 좋다. 나머지 10% 때문에 불안해하지 않아도 된다. 지금 당장은 못 하더라도 다음 단계의 책을 공부하다 보면 10%는 자연히 채워진다. 더욱 자세한 정답률 계산법은 제3장 〈완벽히 암기했는지 확인하는 기준〉을 참고하길 바란다.

이런 작업을 통해 고른 두 번째 책도 앞서 초심자용 책과 마찬가지로 회독한 뒤 마무리한다. 그리고 또 다음 단계의 책을 골라 같은 방식으로 끝낸다. 이렇게 한 단계씩 수준을 올리면서 공부하면 초심자용 책을 살펴봤던 1단계를 시작으로 2~3단계, 많아도 4단계 수준을 거치면 공부 목표를 달성할 수 있는 실력을 갖추게 된다.

◆ 최후의 마무리 책 한 권을 만들자

목표를 달성하기에 충분한 실력을 갖추었다면 이제는 그 실력을 유지하는 게 관건이다. 그 목적을 이루는 데 필요한 참고서와 문제집을 마무리 한 권이라고 부르자. 이 책은 기

억을 유지하기 위해 몇 번이고 반복해서 볼 책이다. 암기 과목 공부에서는 참고서를 사용하고, 수학이나 물리 같은 사고력 과목 공부에서는 문제집을 사용한다. 목표 달성을 위해 필요충분한 지식과 다양한 난이도의 문제가 실린 책이 좋다. 지금까지 공부한 책 중에 그런 책이 있다면 그것을 반복해도 좋고, 없으면 마무리 한 권을 고르러 또 서점에 가보자.

목표가 시험 합격이라면 시험 날까지 이 책을 반복해서 공부한다. 아니면 고민하지 않아도 바로 내용이 떠오를 때까지 반복해서 공부한다. 구체적인 공부법은 우선 지금까지와 같이 빨리 한 번 훑어본다. 2회독이 끝나면 여태까지 했던 것처럼 자주 할 필요는 없다. 이 단계까지 충분히 반복해서 공부했으므로 이미 쉽게 잊어버리지 않는 상태일 것이다. 그러므로 일주일에 한 번 정도의 빈도로 가볍게 반복하자. 만일 내용을 많이 잊어버렸다고 생각되는 부분이 있으면 지금까지 공부했던 참고서와 문제집을 꺼내서 다시 찬찬히 곱씹으며 이해하고 문제 풀이 연습을 하면 된다.

내가 도쿄대 입시에 도전할 때는 과목마다 마무리 한 권이 있었다. 마지막 6개월 동안은 각 과목의 마무리 한 권을 메인으로 두고 반복하며 공부했다. 그중에서도 특히 화학 과목의 책이 기억에 남는다. 9월 무렵, 대학 합격에 필요한 지식과 사고법이 충분히 담긴 책을 발견했다. 그때까지는 단계별로 다양한 참고서와 문제집을 공부했는데, 시험을 앞두고 남은 반년 동안은 그 책 한 권만 계속 반복해서 보았다. 모의고사에서 구멍이 보이면 바로 그 책을 살펴보고 복습했다. 그 책에는 나오지 않는 지식도 다른 책에서 찾아 보충해서 써넣으며 나만의 참고서로 완성해서 시험 직전까지 챙겨 보았다.

지금까지 설명한 참고서와 문제집 활용법은 성인이 되어서도 유용하다. 나는 프로그래밍을 배울 때도 완전 초보가 쓰는 책부터 시작해서 단계적으로 수준을 높이며 자세한 해설이 실린 책도 이해할 수 있게 되었다. 실무를 맡은 다음에는 필요할 때마다 마무리 한 권을 참고했고 부족한 내용은 보충해서 써넣었다. 그런 식으로 반복하니 마무리 한 권의 전체 내용이 자연스럽게 머릿속에 저장되어서 지금은 그 책을 참고하는 일이 거의 없는 상태가 되었다.

> **핵심 요약** : 참고서와 문제집의 수준은 단계별로 찬찬히 올리자. 목표 달성에 필요한 실력에 도달하면 충분한 지식과 문제가 실린 마무리 한 권을 골라서 반복한다.

상황에 맞춘
참고서 100% 활용법

지금까지 소개한 참고서 사용법을 정리해 보자.

1. 첫 번째 책은 전체 내용을 빠르게 파악하는 것이 목적이
   므로 개요 정도만 파악한다.
2. 두 번째 책 이후는 참고서와 문제집을 함께 두고, 자세
   한 내용까지 완벽하게 외우면서 단계를 높여나간다.
3. 마지막 한 권은 계속 반복해서 살펴보며 나만의 참고서
   로 만든다.

나만의 독창적인 방법이지만 얼마든지 변형할 수 있다. 각자의 목적과 현재 실력에 따라, 또는 선택한 책의 특징에 따라 변형해서 최적화하면 된다. 다만 변형하려는 이유는 확실해야 한다. 그저 편하게 공부할 생각으로 생략하거나 바꾸면 안 된다. 참고로 내가 어떤 식으로 교재를 변형시키면서 활용했는지 예를 들어 살펴보겠다.

변형 ① 첫 번째 책부터 완벽하게 암기한다

첫 번째 책은 전체 내용을 빨리 파악하는 것이 목적이었으므로 개요만 이해하고 넘어갔다. 하지만 처음 공부하는 책이 기초지식도 충분하고 이해하기 쉽게 잘 정리된 경우가 있다. 또는 분량은 많지 않아도 굉장히 재미있어서 그 책으로 제대로 공부하고 싶을 때도 있다. 그럴 때는 기회를 놓치지 말고 첫 번째 책부터 확실히 암기하면 된다. 중요한 부분에 표시하거나 암기용 빨간 시트로 가리면서 내용을 확인하며 암기 작업을 한다.

첫 번째 책의 기본 역할은 전체 내용을 신속하게 파악하는 것이다. 따라서 이 방법으로 공부하면 전체 내용을 파악하는 시간이 다소 늦어질 수 있다. 하지만 좋은 책을 만나 공부의 효율성과 학습 의욕이 높아지면 내용도 더 확실히 이해할 수 있는 장점이 있다.

첫 번째 책을 거의 다 암기하고 나면 두 번째 책을 시작한다. 이때 원래는 참고서와 문제집을 함께 사용하지만 첫 번째 책에서 이미 완벽하게 암기했으므로 따로 참고서는 필요 없다. 바로 자신의 수준에 맞는 문제집을 찾아서 공부하면 된다. 그다음에는 기존과 같이 단계적으로 책의 수준을 올리면서 마무리 한 권을 반복한다.

나는 대학 입시에서 세계사 과목을 이 방식으로 공부했다. 본격적으로 입시 공부를 시작했을 때 약점이었던 세계사 실력을 보강하려고 서점에서 참고서를 찾았다. 그때 교과서보다 얇지만 시험에 자주 나오는 내용만 모두 정리해 놓은 책을 발견했다. 심지어 지식만 나열한 것이 아니라 스토리텔링 방식으로 세계사를 재미있게 이해할 수 있는 책이었다.

원래는 지엽적인 지식이 상호 연결되는 세계사야말로 전체상을 빨리 파악한 뒤 세부 지식을 외우는 것이 왕도다. 하지만 내가 찾아낸 책은 지식의 밀도가 높아서, 즉 필요한 지식이 충실하게 모여 있었기 때문에 첫 번째 책이지만 확실히 외우는 것이 좋다고 판단했다. 그 책을 끝낸 다음에는 문제집

대신 기출문제와 모의고사만 반복해서 풀었다. 책이 얇은 편이었기 때문에 시험에 나온 내용이 책에 없으면 보충해서 적어 넣어서 나만의 참고서로 만들었다. 결국 세계사는 이 첫 번째 한 권을 마무리 한 권으로 만들어서 시험 직전까지 반복해서 보았다.

변형 ② 처음부터 어려운 책에 도전한다

때로는 공부 범위의 전체 내용을 이미 파악하고 있는 경우가 있다. 매일 업무를 수행하면서 지식과 경험이 쌓이거나 예전에 공부한 지식을 활용할 수 있는 경우다. 내 경우는 대학원 입시가 딱 그랬다. 개인적인 이유로 대학원은 학부 때와 다른 전공에 진학하기로 결정했는데 입시 과목은 수학이어서 학부에서 공부한 내용을 그대로 활용할 수 있었다.

기본 지식은 갖춘 상태였으므로 처음 기본 책 한 권은 건너뛰고 바로 난도가 좀 있는 문제집을 풀기 시작했다. 문제집이 끝나면 기출문제를 풀면서 다시 그 문제집을 살펴보는 식으로 공부했다. 결국 입시 때까지 그 한 권을 계속 풀다가 그것이 마무리 한 권이 되었다. 입시까지 몇 달이라는 시간적인 제약도 있었고 기초부터 꼼꼼히 챙겨 볼 시간이 없었던 것도 처음부터 어려운 책에 도전하는 방법을 선택한 이유 중 하나였다.

이처럼 자신의 현재 실력이 이미 어느 정도 갖춰졌고 공부에 쓸 수 있는 기간이 짧은 경우는 처음부터 어려운 책으로 시작해도 된다. 다만 기본 지식이 전혀 없는데 시간을 절약할 수 있다는 이유에서 이 방법을 선택하면 안 된다. 실력이 부족한 상태에서 갑자기 수준에 맞지 않는 책으로 공부를 시작하면 오히려 시간만 더 걸리고 실력은 쌓이지 않는다.

> **핵심 요약** 기본적으로는 정통의 참고서 사용법을 따르되 상황에 따라 변형해 보자. 첫 번째 책부터 완벽하게 암기하거나 어려운 책으로 시작할 수도 있다.

공부는 하기 싫지만 SKY는 가고 싶어

전략 2

암기력을 높이는
학습 계획 세우는 법

나의 망각곡선을 알면
전략이 보인다

♦ ## 기억이 절반 이하로 떨어지는
순간을 잡자

여러분은 오늘 외운 내용을 언제까지, 또 얼마만큼 기억할
수 있을까? **기억이 유지되는 양과 기간은 효율적인 공부법의
핵심이다.** 따라서 자신의 기억력을 객관적으로 파악할 필요
가 있다. 어떤 방법으로 암기하느냐에 따라 기억이 유지되는
기간은 다르다. 중요한 것은 암기 작업의 타이밍이다. 공부한
내용이 30%에서 50% 정도 기억날 때 다시 한번 암기하는 것

이 가장 효과적이다.

왜 30~50%일까? 이유는 기억을 강화시키는 효과 때문이다. 공부한 내용이 정확히 기억날 때는 다시 외워도 더 이상 기억을 강화할 수 없다. 또 공부한 내용이 거의 생각나지 않을 때, 즉 완전히 잊어버렸을 때는 다시 외워도 효과가 떨어진다. 두 번째 외우는데도 처음 암기할 때만큼 시간이 걸릴 수도 있다.

"아, 이 단어 뭐였지? 맞다! OO다!"

기억이 최고로 강화되는 순간은 이처럼 망각의 저편으로 사라지려는 내용을 뇌 속으로 다시 잡아서 끌어올 때다. 암기 작업 중에 기억이 사라지려는 순간이 가장 많은 때가 바로 기억 유지율(지난번 암기로 외운 것 중에서 지금 외우고 있는 것의 비율) 30~50%의 기간이다. 이 기간에는 곧바로 떠오르지 않더라도 다시 보면 기억이 나서 뇌로 끌고 올 수 있다.

"아, 맞다. 그때 외웠던 기억이 나."

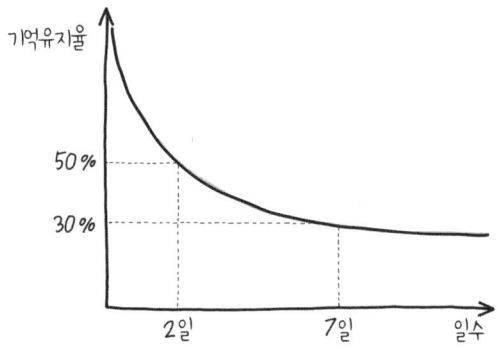

| 나의 망각곡선 |

이 정도 기억이 남아 있을 때 다시 암기 작업에 들어가야 한다. 기억 유지율이 50% 또는 30%로 떨어지는 기간은 사람마다 천차만별이다. 그러므로 인터넷이나 책에 나온 정보에 기대지 말고 스스로 직접 확인하는 수밖에 없다. 참고로 나는 처음 암기 작업을 한 뒤 보통 이틀이 지나면 기억에 50% 정도가 남는다. 그리고 일주일 정도가 지나면 30%까지 떨어진다. 따라서 나는 첫 번째 암기 작업 이후 2일에서 일주일 안에 두 번째 암기 작업에 다시 돌입해야 한다. 일반적으로 머릿속에 기억이 50% 남는 시점과 30% 남는 시점은 몇 배 차이가 난다. 50%로 떨어지는 것은 상당히 빠르다. 하지만 다시 30%까지 또 떨어질 때 걸리는 시간은 의외로 길다.

공부는 하기 싫지만 SKY는 가고 싶어

이제부터 기억 유지율이 50%가 되는 날짜를 '50% 유지 일수', 30%가 되는 날짜를 '30% 유지 일수'라고 하고 양쪽을 합쳐서 '기억 유지 일수'라고 부르자.

◆ 내 머릿속에 기억이 남아 있는 기간을 확인하는 방법

그럼 각자 자신의 기억 유지 일수를 어떻게 확인할 수 있을까? 단계는 이러하다. 먼저 참고서의 일정 범위를 외운다. 첫 번째는 이해하기 위해 묵독하고 두 번째는 기억하기 위해 음독, 즉 소리 내어 읽는다. 세 번째 이후로는 더 완벽하고 꼼꼼하게 암기한다.

세 번째 암기 작업까지는 시간 간격을 두지 않고 하루에 연속해서 진행한다. 우선 외우려는 범위를 묵독한 뒤 처음으로 돌아가 다시 음독하고, 마지막으로 그 범위를 암기하는 것이다. 연속해서 하는 이유는 묵독 또는 음독만 해서는 금방 잊혀서 하루라도 쉬게 되면 기억 대부분이 사라지기 때문이다. 그렇게 되면 묵독과 음독한 의미가 없으므로 그 전에 제대로 암기해서 기억을 굳혀야 한다.

여기까지 한 다음, 이틀이 지난 뒤 머릿속에 어느 정도 남아 있는지 확인한다. 참고서를 펼친 다음 암기할 부분을 빨간 시트로 가리고 정확하게 대답한 곳이 전체의 몇 % 정도인지 계산하면 된다. 그 숫자가 이틀 후의 기억 유지율이다. 예를 들어 암기 작업을 거치고 이틀 뒤에 70%라면, 50%가 되는 날은 그 후로 이틀 정도가 더 지났을 때일 것이다. 이렇듯 '나는 암기 후 4일이 지난 시점부터 암기 내용이 절반 정도만 기억에 남는구나.' 하고 예상한 상태에서 다시 다른 공부 범위를 암기 작업까지 마친 뒤 4일 후에 확인하자.

50% 유지 일수를 찾아내면 다음은 30% 유지 일수를 찾는다. 마찬가지 방법이다. 처음에는 50% 유지 일수의 3배가 되는 날짜부터 시험해 보는 게 좋다. 처음 암기 작업을 한 날부터 그 날짜가 지난 다음의 기억 유지율을 계산해 보자. 만일 20%라면 조금 더 기간을 줄이고 40%라면 조금 더 기간을 늘리는 식으로 기억 유지율이 30%가 되는 날짜를 예측해서 확인하자.

이렇게 하면 **복습해야 할 타이밍을 정확하게 알 수 있다.** 물론 학습 내용에 따라 기억 유지 일수는 다를 수 있다. 흥미

| 암기한 내용이 머릿속에 얼마나 남았는지 확인하는 방법 |

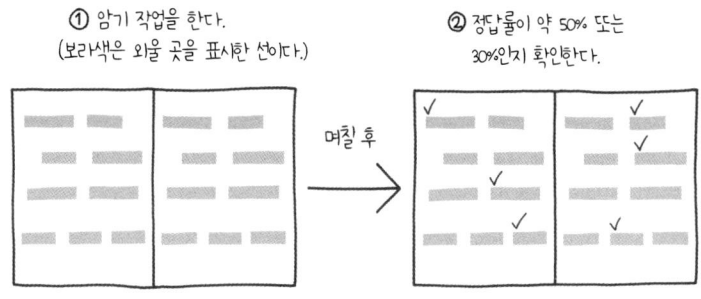

① 암기 작업을 한다.
(보라색은 외울 곳을 표시한 선이다.)

며칠 후

② 정답률이 약 50% 또는 30%인지 확인한다.

③ 정답률이 약 50% 또는 30%면 멈추고,
그렇지 않으면 ①과 ②를 반복하며 기억 유지 일수를 찾는다.

※이때 ①의 암기 작업은 매일 새로운 공부 범위여야 하며,
①과 ② 사이의 기간은 2일 정도부터 시도한다.

있는 내용이면 한 번만 외워도 오랫동안 기억할 수 있고 재미가 없으면 금방 잊어버린다. 따라서 이 계산을 할 때는 딱히 좋아하지도 싫어하지도 않는 과목, 관심 수준이 보통인 과목을 선택해서 측정해야 정확하다. 일반적인 과목의 기억 유지 일수를 알아두면 흥미 있는 분야는 복습 타이밍을 조금 더 늦추거나 흥미가 전혀 없는 분야는 복습 타이밍을 앞당기는 식으로 효과를 높일 수 있다.

기억 유지 일수를 고려하여
계획적으로 반복 암기한다

지금까지 첫 번째 암기 작업을 한 다음 기억 유지 일수를 측정하는 법을 알아보았다. 마찬가지 방법으로 두 번째, 세 번째 암기 작업 후의 기억 유지 일수도 파악한다. 단 첫 번째 암기 작업 후의 기억 유지 일수만큼 정확하지 않아도 된다. 두 번째, 세 번째 암기 작업을 하고 나면 장기간 기억이 유지되어 하루, 이틀 차이로 기억 유지율이 크게 달라지지 않기 때문이다.

보통 처음 암기 작업 후 50%와 30% 유지 일수보다 3배 정도 되는 날짜에서 검증을 시작하면 좋다. 예를 들어 첫 번째 암기 작업 후에 유지 일수를 확인해 보니 50%가 이틀, 30%가 일주일이었다고 하자. 그럼 두 번째 암기 작업 후의 50% 유지 일수는 6일, 30% 유지 일수는 3주로 예상할 수 있다. 따라서 세 번째 암기 작업은 그 중간 지점인 2주 정도가 지난 다음 시작하면 된다. 그리고 그때 실제로 기억 유지율이 30~50%가 되었는지 확인하자. 기억 유지율이 50% 이상이라면 조금 더 기간을 늘리고 30% 미만이라면 기간을 줄이면서

공부는 하기 싫지만 SKY는 가고 싶어

조정한다.

다음으로 세 번째 암기 작업 이후의 유지 일수는 또다시 **두 번째 기억 유지 일수의 3배 정도를 예상해서 검증**하면 된다. 다만 두 번째 암기 작업 후의 기억 유지 일수가 첫 번째 암기 후의 기억 유지 일수의 3배가 넘는다면 세 번째는 4배나 5배 정도로 더 길게 계획할 수도 있다. 지금까지 검증으로 확인한 자신의 기억 유지 일수에 맞춰서 조정하면 된다.

네 번째 암기 작업부터는 앞선 세 번의 암기 작업 덕분에 몇 달 동안 기억이 유지되므로 유지율이 50% 이하가 될 때까지 기다릴 필요가 없다. 만약 여기까지 반복해도 좀처럼 머리에 들어오지 않는 내용이 있다면 망각곡선에 상관없이 더 빠른 주기로 암기 작업을 반복한다.

> **핵심 요약**
>
> 첫 번째 암기 작업이 끝나면 기억이 50% 정도 남을 때까지 걸리는 시간과 30% 정도만 남을 때까지의 날짜 수를 파악하자. 그 기간 안에 복습하면 기억을 강화할 수 있다. 암기 작업을 거듭할수록 기억 유지 일수는 길어진다. 2회, 3회째 암기 작업부터는 대강의 일수만 파악해도 된다.

반복 암기하며
내 것으로 만든다

♦ ## 지식을 완벽히 각인하는
자신만의 회독 횟수를 확보하라

"참고서를 완벽하게 끝내려면 몇 회독을 해야 하나요?"

학생들이 자주 하는 질문이다. 하지만 망각곡선은 사람마다 다르기 때문에 몇 번 반복해야 완벽히 외울 수 있는지 절대적인 수치는 없다. 중요한 것은 '몇 회독'이라는 숫자가 아니다. 교재를 끝내는 기준은 '정착률'이다. 정착률이 높을수록 지식이 머릿속에 완벽히 각인되었다는 뜻으로, 암기는 그 경지에 이를 때까지 반복해야 한다. 정착률을 측정하는 구체적인 방법은 3장에서 살펴보겠다.

다만 기준이 있으면 편리하므로 나의 경우를 소개한다. 자신의 정착률을 측정하면서 스스로 몇 회독이 필요한지 내 수치와 비교해 보자. 수치가 비슷하다면 이 정도 회독 횟수로 잘하고 있다고 안심해도 된다. 나보다 수치가 지나치게 높다면 어딘가 지식이 새어나가고 있다는 뜻이니 암기 방법의 개선이 필요하다. 수치가 훨씬 적다면 좋은 머리를 가지고 태어난 행운을 즐기면 된다.

우선 처음 시작하는 초심자용 책은 3회독한다. **2권째 이후, 즉 자세한 지식까지 완벽하게 암기하는 단계에서는 11회독을 했다. 이때 외우는 범위를 점점 넓혀가면서 반복한다.** 구체적인 공부법은 이러하다. 12장으로 구성된 참고서를 예로 들어보자. 우선 1장을 5회독한다. 1회독 때는 묵독하면서 내용을 이해한다. 다음 2회독 때는 음독하면서 내용을 기억한다. 그리고 3회독부터 본격적인 암기 작업에 들어간다. 중요한 부분을 펜과 빨간 시트를 사용해 제대로 외웠는지 확인한다(상세한 방법은 본문 235~252쪽 참고). 이 3회독 때는 대부분 제대로 답하지 못하므로 너무 걱정하지 않아도 된다. 4회독 때 두 번째 암기 작업, 5회독에서 세 번째 암기 작업을 진행한다. 5회독부터는 정답률이 상당히 높아질 것이다. 이렇게 1장이 끝나면 2장, 3장도 같은 식으로 공부한다. 각 장마다 5회독을 하며 주요 부분을 외워서 암기의 토대를 쌓는 과정이다.

3장까지 다 외웠을 무렵이면 앞서 공부한 1장과 2장의 기억이 흐려졌을 것이다. 그때 1장부터 3장까지 한꺼번에 묶어서 통째로 암기하는 작업을 3번 반복한다. 이렇게 하면 각 장을 5회독하고 3장씩 묶어서 3회독이므로 합계 8회독이 끝나는 셈이다. 이 과정에서 이전에 외운 내용을 일정 간격을 두고 복습하므로 기억을 오래 유지할 수 있다. 또 3장씩 묶어서 공부하므로 내용을 연결하면서 기억할 수 있다.

4장 이후도 마찬가지 방식으로 진행한다. 4~6장을 각각 5회독하고 4장에서 6장까지 묶어서 통째로 3회 반복해서 암기한다. 나머지도 장마다 5회독, 그리고 3장씩 묶어서 3회독하여 12장까지 진행하면 전체 내용을 대강 외우게 된다. 마지막으로 1장부터 12장까지 책 전체를 쭉 다시 살펴보며 중요한 개념들을 빠짐없이 모두 외웠는지 확인한다. 이 작업을 3번 반복한다.

공부는 하기 싫지만 SKY는 가고 싶어

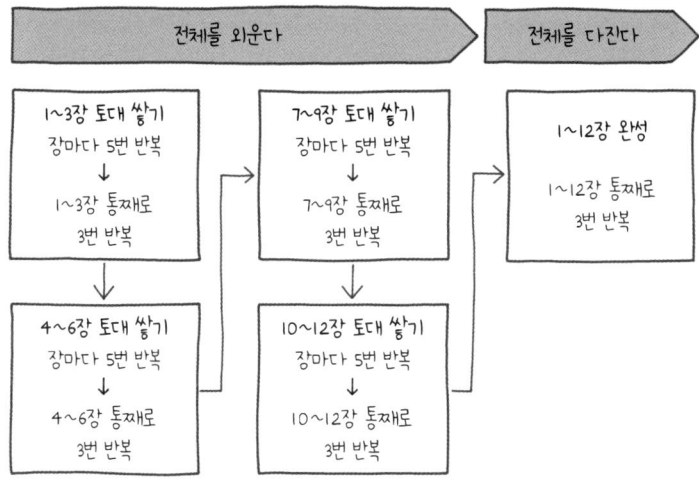

정리하면 위 그림처럼 각 장마다 개별적으로 5회독한 뒤, 3장씩 묶어서 통째로 3회독, 1장부터 12장까지 전체를 통째로 3회독해서 합계 11회독을 완성한다.

문제집도 마찬가지 방식으로 회독하며 외운다. 사회, 역사 같은 암기과목은 물론, 수학 같은 사고 과목의 문제집도 똑같다. 사고 과목도 결국은 문제와 풀이의 유형을 외워야 하므로 대부분 암기 과정이 필요하다. 다만 교재의 분량과 내용에 따라 회독 수는 얼마든지 바뀔 수 있다. 11회독은 어디까지나 하나의 기준으로 참고하면 된다.

망각곡선을 고려하여
암기 스케줄을 세우자

전체 11회독 중에서 5회독을 기점으로 스케줄 작성법이 크게 달라진다. **5회독할 때까지는 아직 익숙하지 않은 지식을 주입해야 하므로 망각곡선을 고려하여 가장 효과적인 타이밍에 암기 작업을 반복해야 한다.** 하지만 6회독부터는 주입된 지식을 정기적으로 불러내어 전체 범위를 빠짐없이, 그리고 확실히 정착시키는 데 주력한다. 5회독까지 학습 스케줄을 어떻게 세우면 되는지 91쪽의 그림을 통해 살펴보자.

전체 12장짜리 교재를 외우는 과정 중 1~3장의 회독 계획을 나타낸 그림이다. 먼저 1장부터 3장을 5회독한다. 1회독은 묵독, 2회독은 음독, 3~5회독은 암기 작업을 진행한다. 이때 3회독까지는 시간 간격을 두지 않고 연속해서 진행한다. 본격적인 암기 작업은 3회독부터 시작한다. 1장을 3회독한 다음 1장의 기억 유지율이 30~50%로 떨어질 때까지 1장은 공부하지 않는다. 그림에서는 '7일 후'라는 기간을 두었다. 그 사이에 무엇을 하느냐 하면 바로 2장을 공부한다. 2장도 마찬

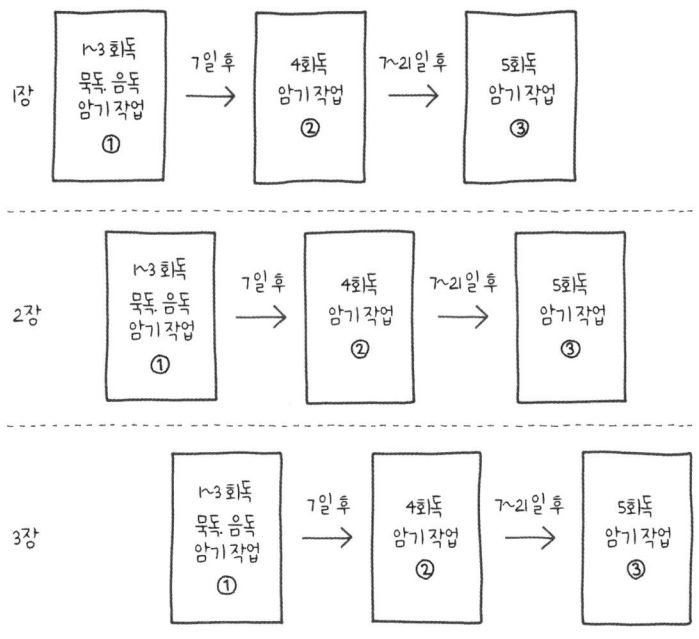

※ 위에 제시한 일수는 예시이므로 자신의 망각곡선에 맞추어 조정한다.

가지로 3회독까지는 간격을 두지 않고 연달아 진행한다.

　이렇게 2장을 암기하면서 7일이 지나면 그사이 1장의 기억이 열어진다. 그래서 1장의 기억 유지율이 30~50%가 되었을 때 1장의 4회독, 즉 암기 작업 2회째를 시작한다. 1장의 내용을 두 번째로 암기하는 것이다. 1장의 4회독이 끝나면 다시 그 기억 유지율이 30~50%가 될 때까지는 1장을 공부하지 않는다. 여기서는 7일, 경우에 따라서는 21일 동안 기다리게 된다. 그사이에 해야 할 일은 2장의 4회독과 3장의 1~3회독이다.

그리고 1장의 기억 유지율이 30~50%가 되었을 때 1장의 5회독을 시작한다. 이것이 1장의 세 번째 암기 작업이 된다. 그 후 3장의 4회독을 하고 2장의 5회독, 3장의 5회독을 순서대로 진행한다. 이렇게 해서 1장부터 3장까지 5회독을 끝낸다.

하루에 한 장을 3회독까지 진행하는 게 정석이지만 어려운 사람도 있을 것이다. 그럴 때는 각 장을 전반과 후반으로 나눠보자. 우선 1장의 전반과 후반, 그리고 2장의 전반을 5회독한다. 91쪽 그림에서 1장을 1장의 전반, 2장을 1장의 후반, 3장을 2장의 전반으로 바꿔서 생각하면 된다.

6회독부터는 적절한 기간 안에 일정한 속도로 진행하도록 계획한다. 구체적인 기간을 정하는 방법은 다음 장에서 자세히 설명하겠다.

공부는 하기 싫지만 SKY는 가고 싶어

창의 사고력을 단련할 때는
여러 문제집을 동원하라

앞에서 암기 과목과 마찬가지로 사고력 과목의 문제집도 11회독이 기준이라고 했으나 예외도 있다. 수학 과목을 예로 들어 보자. 수학의 문제 풀이 단계는 크게 두 종류로 나눌 수 있다. 하나는 전형적인 문제의 풀이를 외우는 단계, 또 하나는 낯선 문제라도 암기한 풀이법을 충분히 구사해서 풀 수 있게 만드는 단계다. 여기서 후자의 경우처럼 낯선 문제에 대해 생각하고 푸는 힘을 '창의 사고력'으로 부르겠다.

나는 수학 이외의 사고력 계열 과목에서도 해법을 외우는 데 많은 시간이 들었다. 전체 공부 시간의 약 80%를 차지할 정도였다. 난도가 낮거나 빈출 유형 문제들은 정해진 풀이법이 있어서 창의 사고력이 필요하지 않은 경우도 많다. 하지만 고난도 문제를 풀어서 안정적인 상위권 점수를 얻으려면 창의 사고력을 갖춰서 차이를 벌려야 한다.

창의 사고력을 키우는 데 문제집 한 권을 여러 번 반복해서 암기하는 학습 방식은 비효율적이다. 낯선 문제를 접할 때마다 스스로 고민하며 적절한 풀이를 떠올려 해결해 내는 연습을 해야 한다. 그렇기에 이미 푼 적이 있는 문제를 반복해도 충분한 연습이 되지 않는다. 다만 문제에서 실마리를 찾는 법이나 풀이법의 방향은 어느 정도 정해져 있으므로 그 방법을 익히기 위해 몇 번 반복하는 건 도움이 된다. 이때도 해답을 완벽하게 외우거나 문제를 본 순간 해법이 떠오르는 상태를 목표로 할 필요는 없다. 시행착오를 겪으면서 문제 풀이의 실마리를 찾을 수 있는 상태에 도달하는 것을 목표로 하면 된다.

동일한 문제를 반복해서 풀면 사고력이 아니라 기억력으로 풀게 된다. 이렇게 되면 문제 풀이를 연습하는 효과가 떨어지므로 문제집 한 권에 **3회독이면 충분하다.** 한 권이 끝나면 다른 문제집을 시작해서 또 다른 새로운 문제에 대응하는 힘을 길러야 한다. 따라서 창의 사고력을 기르고 싶을 때는 예외적이지만 마지막으로 사용하는 책이 마무리용 한 권만이 아니다. 빈출 유형의 문제가 총망라된 마무리 한 권을 반복하면서 이와 동시에 창의 사고력을 기르는 문제집을 따로 마련해서 3회독한 다음 또 다른 문제집을 시작해서 풀어야 한다. **빈출 문제의 해법을 암기하고 창의 사고력을 기르는 연습을 병행하는 것이다.**

참고서와 문제집을 회독하는 횟수는 사람마다 다르다. 기억에 완전히 각인되는 비율이 일정 수준 이상이 될 때까지 반복해야 한다. 나의 경우는 11회독이 하나의 기준이었다. 다만 창의 사고력을 기르기 위한 문제집은 3회독으로 충분하다. 대신 새로운 문제를 다양하게 접하며 푸는 연습을 하자.

최상의 학습 계획을 만드는 '2:1 규칙'

♦ ## 치밀함과 유연함을 지니며 공부 계획을 세운다

참고서를 마스터할 계획을 세울 때 큰 그림만 그리는 사람이 있다. 예를 들면 12장으로 구성된 참고서를 1년 동안 끝낸다고 하면 12장을 12개월로 나눠서 매달 1장씩 진도를 나가겠다는 식이다. 이 계획의 문제가 무엇인지 여러분은 금방 알 수 있다. 1년이 지나면 첫 달에 외운 1장은 분명 기억나지 않을 것이다.

　　　　공부는 하기 싫지만 SKY는 가고 싶어

학습 계획은 **반복 학습을 고려하여 세워야 한다.** 하지만 대개는 그저 기계적으로 대충 계획을 세운다. 예를 들어 1년 안에 3회독하겠다고 계획을 세우면서 1회독에 드는 시간은 12개월을 3으로 나눈 4개월로 잡는다. 12장을 4개월로 나누면 3장이므로 4개월 안에 12장을 끝내려면 매달 3장씩 공부하면 된다는 결론을 내린다. 하지만 1회독에 4개월이나 걸리면 처음 외운 부분은 깨끗이 잊어버린 채 2회독을 시작하게 된다. 처음부터 다시 외우는 것이나 마찬가지다. 만일 1회독에서 어느 정도 외웠다고 해도 **2회독은 1회독보다 빨리 끝나기 때문에 그 점도 감안해서 계획을 세워야 한다.** 더 치밀한 계획이 필요한 것이다.

반면에 계획이 너무 촘촘해도 예기치 못한 사정이 생겼을 때 대처하지 못하게 된다. 그러므로 유연성도 함께 갖춘 계획을 세우는 것이 중요하다. 치밀함과 유연성의 양립이 계획의 핵심 요소다.

나는 **보통 학습 기간 전체를 3구간으로 나누어 각 구간의 기능을 명확히 한 다음 구체적으로 할 일을 정해서 실행에 옮긴다.** 동시에 어느 구간에서 조금 늦어지더라도 다음 구간에서 따라잡을 수 있을 정도로 여유를 두고 계획을 세운다.

12장짜리 참고서를 예로 들어 계획을 세워보자. 우선 1장에서 3장까지 각 장을 5회독하고 1장에서 3장까지 한꺼번에 3회독한다. 이 작업을 4~6장, 7~9장, 10~12장으로 묶어 반복한다. 이 작업의 전반, 즉 1장에서 6장까지 외우는 기간이 제1구간이고 후반인 7장부터 12장까지 외우는 기간이 제2구간이다. 이들 기간의 역할은 '기억의 토대 쌓기'다. 전반과 후반으로 나누는 이유는 전체 기간이 꽤 길기 때문에 암기 작업이 너무 늘어지지 않게 하기 위함이다.

다음은 전체를 한꺼번에 3회독하는 과정으로, 이 기간이 제3구간이다. 이때의 기능은 '기억의 완성'이다. 기억의 토대 쌓기로 머릿속에 입력된 내용을 지금보다 더 빠른 주기로 불러내서 전체 범위를 빠짐없이 단단하게 정착시킨다.

이처럼 학습 기간을 총 3구간으로 나눌 경우, 각 구간의 기간은 전체 구간을 균등하게 배분하는 것이 가장 효과적이다. 전체 기간이 12개월이라면 각 구간은 4개월씩이 된다. 기억의 토대 쌓기는 처음으로 암기를 시작하는 시기이므로 지식을 머릿속에 넣는 데 노력이 더 필요하다. 따라서 총 2구간을 할당한다. 반면 기억의 완성 기간은 이미 한 번 머릿속에 들어간 지식을 다시 불러오는 작업이므로 비교적 원활하게 진

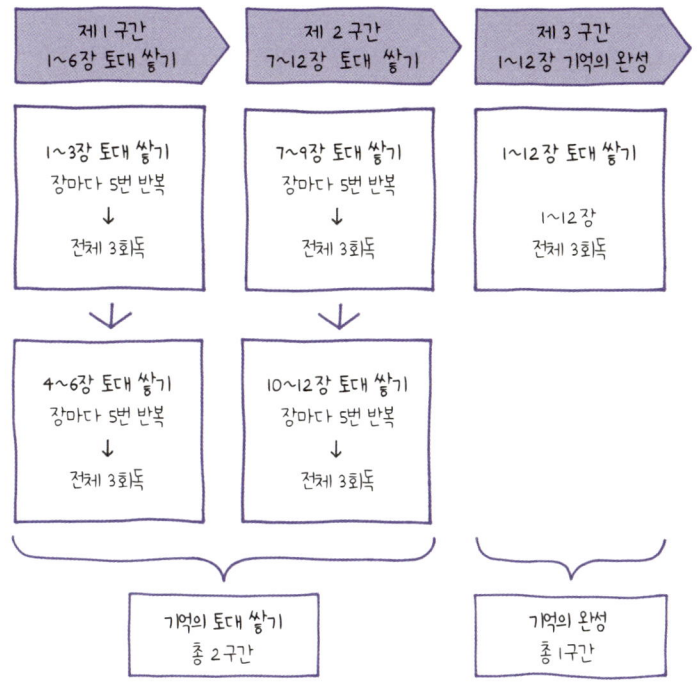

행되기 때문에 한 구간만 할애한다.

이처럼 전체 학습 기간 중에서 기억의 토대 쌓기 단계를 두 번, 기억의 완성 단계를 한 번 거치는 것을 '2:1 규칙'이라고 부른다. 이 2:1 규칙도 앞의 11회독과 마찬가지 기준이라는 점을 잊지 말자. 예를 들어 관심이 많은 분야라면 지식을 한 번 머릿속에 넣었을 때 다른 분야보다 잘 잊어버리지 않는다.

그럴 때는 기억의 완성 기간이 굉장히 짧게 끝나므로 학습 기간을 3:1로 계획한다.

♦ 망각곡선을 고려하여 기억의 토대를 단단히 다진다

대략 월 단위로 큰 구간을 나눴다면 이제는 세부 계획을 세워보자. 핵심은 **가까운 시기일수록 할 일을 상세하게 정하는 것이다.** 내일이나 다음 주에는 예정된 일정이 비교적 확실하므로 상세하게 계획을 짜기 쉽다. 하지만 몇 달 후의 일은 아직 불분명하기 때문에 상세하게 계획을 세워봤자 지키지 못할 가능성이 크다. 게다가 일단 계획을 세웠으니 무리해서 수행하려다가 오히려 대충 넘기거나 의욕을 잃게 되는 원인이 된다.

따라서 공부를 시작할 때 1구간에는 언제 무엇을 할지 자세하게 정하지만 2구간이나 3구간처럼 먼 시기는 일부러 세세하게 정하지 않도록 한다. 첫 번째 구간이 끝날 때쯤 다음 구간에 대해 꼼꼼하게 계획을 세워도 충분하다.

공부는 하기 싫지만 SKY는 가고 싶어

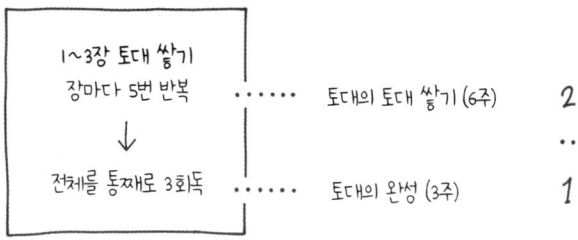

우선 1구간의 학습 계획을 구체적으로 정해보자. 1구간에 할당된 기간은 4개월이었다. 이 4개월 동안 1~3장, 4~6장의 암기를 하므로 각각 2개월씩, 약 9주를 사용하게 된다. 앞서 99쪽 그림에서 정리했듯이 1~3장의 암기는 각 장을 5회독하는 작업과 1~3장 전체를 3회독하는 작업으로 나뉜다. 이 중에서도 전자는 처음으로 지식을 머릿속에 집어넣는 '토대의 토대 쌓기'인 셈이다. 후자는 그 지식을 빠짐없이 정착시키는 '토대의 완성' 역할을 한다. 여기서도 2:1 규칙을 적용한다. 즉 작업량을 고려하면 전자는 후자보다 2배 이상 시간이 필요하다. 따라서 각 장을 5회독하는 데 6주, 1~3장을 통째로 3회독하는 데 3주를 사용하게 된다.

첫 번째 6주간, 즉 토대의 토대 쌓기를 계획할 때는 자신의

망각곡선을 고려하여 정한다. 우선은 6주라는 기간을 신경 쓰지 말고, 기억 유지율이 30% 이하가 되는 시기가 일주일이라면 일주일 이내에 같은 범위를 복습하면 된다. 망각곡선에 따라 계획이 완성되는 기간이 6주에서 크게 벗어난다면, 암기 작업의 간격을 좁히거나 늘리면서 조정하자.

그다음 3주간, 즉 토대의 완성 과정은 일단 지식이 머릿속에 들어온 상태이므로 망각곡선을 신경 쓰지 말고 일정한 속도로 진행한다. 3주 안에 3회독해야 하므로 1주일에 1회독이 된다. 만일 1회독이 70쪽 분량이라면 70쪽÷7일로 계산하여 하루에 10쪽씩 진도를 나간다.

◆ 3~4일에 한 번씩
중간 점검하며 보완한다

계획을 세웠다면 이제는 실행이다. 계획이 실패하지 않고 제대로 잘 실행되려면 어떻게 해야 할까? 사실 5회독까지는 워낙 유연하게 계획되었으므로 특별히 고민할 필요가 없다. **암기 작업들 사이에 대기 시간이 있어서** 정해진 날에 공부하지 못했더라도 다음 날 보충하면 된다. 다만 과도하게 벗어나는 것은 금물이다. 망각곡선을 의식한 계획이므로 최대 하루 정도가 바람직하다.

계획이 무너지기 쉬운 것은 6회독부터다. 매일 학습해야 하는 교재 분량이 정해져 있기 때문이다. 이때 계획대로 차질 없이 진행하는 비결은 진척 상황을 매일 확인하는 것이 아니라 **일주일의 절반, 즉 사나흘에 한 번 점검하는 것이다.**

예를 들어 매일 공부해야 할 분량이 10쪽이었다고 하자. 일주일 동안 진도를 나가야 하는 쪽수는 10쪽×7일이므로 70쪽이다. 따라서 합계 70쪽이 되도록 한 주의 전반인 월요일에서 수요일까지 몇 쪽을 끝내고, 후반인 목요일에서 일요일까지 몇 쪽을 끝낼 것인지 정한다. **기계적으로 일수×10쪽이 아니라 개인적인 일정을 고려해서 공부에 쏟을 시간을 생각하고 전반과 후반으로 나누어 각각 몇 쪽씩 진도를 나갈지 정하자.** 그리고 주의 전반부가 끝났을 때, 계획한 만큼 분량을 완수했는지 확인한다. 주의 후반이 끝났을 때도 마찬가지다.

결국 처음부터 지나치게 꼼꼼히 계획하고 관리하지 않는 것이 핵심이다. 하루 시간표 역시 만들지 않는다. 개인적인 일정까지 정확히 반영해서 시간표를 작성해도 막상 실행할 수 없는 경우가 대부분이다. 갑작스러운 일이 생길 때도 있고 우리는 기계가 아니니 왠지 그날따라 의욕이 생기지 않아서 교재를 아예 펴보지 않을 수도 있다. 계획이 너무 치밀하면 그만큼 더 쉽게 무너진다. 공부 진행 상태는 3~4일마다 점검하면서 치밀함과 유연성의 균형을 잡는다.

> **핵심 요약**
>
> 학습 계획을 세울 때는 전체 공부 분량을 크게 3구간으로 나눈다. 기억의 토대 쌓기 → 기억의 완성 순서로 나아가며 각각 2구간과 1구간을 할당한다. 이것이 '2:1 규칙'이다. 진행 상태는 3~4일마다 점검하면서 이전에 예측하지 못한 상황에 유연하게 대응할 수 있는 여유를 지닌다.

공부는 하기 싫지만 SKY는 가고 싶어

암기 과목 공부는
이렇게 계획한다

◆　　　목표 점수를 기준으로
실현 가능한 학습 계획을 세운다

이제 구체적으로 2:1 규칙을 활용해서 학습 계획을 세우고 실천하는 과정을 살펴보자. 내가 대학 입시 때 실천한 세계사 과목의 학습 계획을 예로 들어 설명하겠다.

당시 세계사 점수는 대입 시험에만 필요했으므로 대입 시험용 참고서로 공부했다. 먼저 앞에서 설명한 교재 선택 방법에 따라 시험에 나오는 개념 설명이 꽉 들어찬 참고서 한 권

을 찾았다. 그리고 그 책을 완전히 마스터할 계획을 세웠다. 이후로는 모의고사와 기출문제를 풀면서 참고서에 실리지 않은 주변 지식을 보강하면 목표 점수를 달성할 수 있을 것으로 생각했다. 사전 형식의 참고서로 사용한 것은 교과서와 자료집이다. 여기에 없는 세세한 내용은 시험에 거의 출제되지 않으므로 깨끗이 포기했다.

목표 점수는 90점으로, 참고서를 마스터하면 우선 70점은 충분히 딸 수 있으리라 예상했다. 여기에는 분명한 근거가 있었다. 우선 참고서에 담긴 지식과 과거 기출문제를 서로 맞춰 보고 참고서를 마스터하면 몇 점이 나올지를 몇 년 치의 기출문제를 풀면서 확인했다. 그 결과 참고서를 마스터한 상태에서 모의고사와 기출문제를 반복해서 풀면 90점까지는 올릴 수 있다는 계산이 나왔다.

세계사 공부를 본격적으로 시작한 것은 고등학교 3학년이던 해의 4월, 대입 시험까지 약 10개월 정도 남은 시점이었다. 그때까지 세계사 과목은 모의고사에서 30~40점 정도를 받았다. 운 좋게 학교에서 배운 범위에서 문제가 나오면 잘 풀었지만 다른 범위의 문제는 감으로 찍어서 맞히는 상태였다. 암기 과목을 워낙 싫어해서 3학년이 될 때까지 손을 대지 않았고 그래서 더 초조했다.

대략적인 계획으로는 대입 시험을 앞둔 마지막 **3개월은 문
제 풀이를 반복하는 시간으로 쓰고 싶었다. 그래서 그때까지
7개월 동안, 약 210일 안에 참고서를 마스터하겠다는 목표를
세웠다.** 그다음부터는 계획을 세세하게 세우면서 하루 공부량
을 계산한다. 내가 선택한 참고서는 12장짜리로 전체 200쪽
정도였는데 편의상 210쪽으로 두고 다음과 같이 계산했다.

우선 전체 시험 준비 기간을 3등분해서 3구간으로 나눈다.
210일을 3등분하면 **한 구간은 70일이 된다. 제1구간에서는
전체 참고서의 절반, 즉 6장을 외운다. 제2구간에서는 나머지
6장을 외우고 마지막 제3구간에서는 전체를 반복해서 기억을
정착시킨다.** 2:1 규칙에 따라 처음 두 구간은 기억의 토대 쌓
기, 남은 한 구간은 기억의 완성으로 구성한 것이다.

제1구간인 70일 동안 1장에서 6장을 외우는데 전반에는
1장부터 3장을, 후반에는 4장부터 6장을 외운다. 1장부터
3장까지 외우는 데 쓸 수 있는 기간은 70÷2=35일이다. 그동
안 각 장을 5회독하고 그것이 끝나면 1장부터 3장까지 3회독
한다. 전자가 시간이 더 걸리므로 각 장을 5회독하는 작업은
24일, 전체를 한꺼번에 3회독하는 작업에는 11일을 쓴다. 전

| 세계사 과목의 공부 계획 예시 |

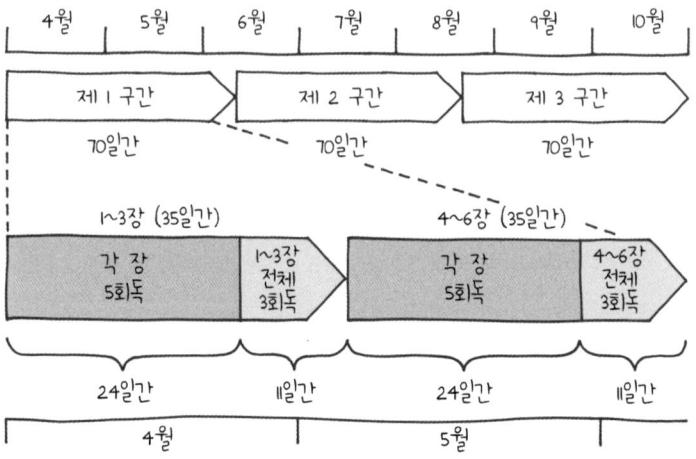

자와 후자의 페이지 수 비율이 2:1이 되도록 계획하면 순조롭다. 이것도 2:1 규칙이라고 할 수 있다.

1구간 중 24일 동안 1장부터 3장을 각각 5회독하는 계획을 세웠다. 여기서부터는 망각곡선을 의식해서 최적의 타이밍에 반복할 수 있도록 계획을 더 세세하게 세운다. 앞서 91쪽에서 살펴본 예시 그림처럼 일단 기한은 무시하고 자신의 망각곡선을 고려해서 계획을 세운다. 그리고 24일 안에 끝날 수 있도록 공부하는 날의 간격을 조절한다.

이렇게 하루 공부량을 계산하고 나면 걸리는 시간을 실제로 측정해서 계획이 실현 가능한지를 확인한다. 예를 들어 첫 날은 1장의 1~3회독(묵독 → 음독 → 암기 작업)을 하지만 여기에 걸리는 시간을 휴일에 날을 잡고 한번 측정해 본다. 1~3회독 까지는 시간이 꽤 걸린다. 참고서를 읽고 아직 지식이 채워지지 않은 부분은 하나하나 교과서와 자료집으로 조사해야 하기 때문이다. 하지만 휴일에 해보면 하루에 충분히 끝낼 수 있다. 다른 과목 공부를 감안해도 무리 없이 확보할 수 있는 시간이었으므로 현실적으로 가능하다고 판단했다.

◆ 목표 점수를 달성할 계획을 충실히 세워 실행한다

이제 계획대로 실행하기만 하면 된다. 4월부터 공부를 시작해서 제1구간과 제2구간에서 각각 70일을 썼으니 참고서를 대강 외운 시기가 8월 중순이다. 다음은 제3구간인 70일 동안 전체 장을 빠르게 반복해서 빠짐없이 지식을 정착시켜야 한다. 제3구간에서는 참고서 전체 약 200쪽을 3회독하므로 합계 약 600쪽을 공부하는 셈이다. 그러면 하루에 공부해야 할 분량은 600쪽÷70일이므로 약 9쪽이다.

외울 때는 중요한 부분을 포스트잇이나 종이 등으로 가려서 보이지 않게 만들고 스스로 빈칸에 답하면서 읽어나간다. 기억나지 않는 곳은 따로 표시해 둔 뒤 나중에 다시 확인한다. 매일 9쪽씩 외운다고 하면 엄청난 양처럼 느껴지지만 이미 8회독을 마쳐 머릿속에 꽤 안착된 상태였다. 매일 한두 시간 정도만 공부하면서 의외로 금방 끝낼 수 있었다.

계획대로 실행해서 **10월 말에는 참고서 내용을 달달 외울 만큼 완벽하게 마스터했다.** 그 시점에 모의고사에서 세계사 점수가 70~80점 정도가 나왔다. **예상한 수준까지 점수가 올라서 기뻐했던 기억**이 난다.

그 뒤로는 일주일에 2~3권, 대입 시험의 기출문제나 과거 모의고사를 활용해서 실전문제 연습을 반복했다. 실제 시험과 마찬가지로 1시간 안에 문제를 풀고 다음 날 틀린 부분에 대한 해설을 보면서 모르는 내용을 확인하고 정리했다. 그 내용이 참고서에 없으면 찾아서 써넣었다. 추가한 부분은 주말에 한꺼번에 정리해서 다시 한번 외웠다. 이렇게 하면 새로 써넣은 내용은 암기 횟수가 적게 느껴지지만 자주 나오는 내용은 문제 연습을 하면서 반복해서 보게 되므로 자연스럽게 머릿속에 새겨진다. 이렇게 공부한 결과 연말연시 무렵에는 과거 기출문제와 모의고사에서 모두 안정적으로 90점 이상이 나왔다.

실제 시험 결과도 상당히 좋았다. 만점은 아니었지만 거의 근접한 점수였다. 사상 최고점이 나와서 스스로도 놀랐다. 세계사 공부의 예시에서 보았듯이 **반복을 예상하고 어느 정도 자세하게, 하지만 유연하게 계획을 세워서 충실하게 실행하면 원하는 결과를 얻을 수 있다.** 가장 어려운 점은 계획대로 충실하게 실행하기 위한 의욕을 어떻게 유지하는가다. 이에 대해서는 〈전략 3〉'포기하지 않고 끝까지 공부하는 법'을 참고하자.

> **핵심 요약**
> 학습 계획을 세우고 실행하는 과정을 암기 과목인 세계사를 예로 들어 살펴보았다. 참고서를 끝내는 데 7개월, 문제 풀이 연습에 3개월을 사용했다. 처음 7개월은 2:1 규칙에 근거해서 세세하게 계획했고 반복 암기하면서 목표 점수를 얻을 수 있었다. 여러분도 참고하여 공부 계획을 세우기 바란다.

사고력 과목 공부는
이렇게 계획한다

♦ ## 학습 수준에 따라
유동적으로 조정한다

이번에는 사고력 과목의 공부 계획을 살펴보자. 대학 입시 때 공부했던 수학을 예로 들어 설명하겠다. 나는 중학교에 들어갈 때부터 반드시 도쿄대학교에 입학하겠다는 의지가 있었지만 실제로 도쿄대학교 입시에서 성공할 실력을 갖추겠노라 구체적으로 결심한 것은 중학교 3학년 무렵이었다. 당시 다니던 중학교가 명문대 합격생을 많이 배출한 만큼 입시에 열을 올리는 곳이어서 3학년 초반부터 학교에서 고등학교 수학 범위를 공부했다. 이에 따라 나는 학교 수업으로 고등학교 수학 진도를 마치고 도쿄대 입시를 준비해야겠다는 계획을 세웠다. 세부 목표는 무조건 고등학교 2학년 중반까지 도쿄대에 합격할 실력을 미리 갖추는 것이었다.

먼저 참고서와 문제집을 정해야 했다. 학교에서 파란색 『차트식(우리나라의 『수학의 정석』과 같은 기본서)』[2]을 나눠주었다. 서점에 가서 다른 책과 비교해 봤더니 이 책은 다양한 문제 해법을 아우르는 좋은 책이어서 우선은 이 책으로 일반적인 문제 유형의 해법을 외우기로 했다.

앞에서 첫 번째 책은 간단하고 얇은 책을 골라 빨리 전체를 파악해야 한다고 했기에 처음부터 600쪽이 넘는 파란색 『차트식』은 잘못된 교재 선정이라고 생각할지도 모른다. 하지만 당시 학교에서 고등학교 범위의 수학 내용도 배웠기 때문에 어느 정도 기본적인 내용은 아는 상태였다. 따라서 두 번째 책으로 이용해야 할 문제집을 바로 시작해도 충분히 이해할

---

2 『차트식(チャート式)』은 일본의 대표적인 고등학교 수학 참고서로 스켄출판(数研出版)에서 매년 간행된다. 일본판 『수학의 정석』으로 난이도에 따라 색깔이 구분된다. 파란 차트는 중상위권에서 유명 대학까지 도전하는 고2 학생용으로 분량이 많은 편이다.

수 있었으므로 파란색 『차트식』을 첫 번째 책으로 정했다. 다만 당시에 이 책보다 높은 수준의 책들은 살펴볼 능력이 없었으므로 이후 진행할 참고서와 문제집은 정하지 않았다.

학습 계획도 지금까지 설명한 2:1 규칙에 따라 하루 할당량을 계산하는 것이 아닌 상향식 방법으로 세웠다. 상향식 방법은 하루에 가능한 공부 시간을 바탕으로 계획을 세우는 방법이다. 이 방법을 따른 이유는 대학 입시라는 최종 기한까지 시간이 충분했으므로 기간을 신경 쓰지 않고 '가능한 한 빨리' 고등학교 수학을 마스터하고 싶었기 때문이었다.

또한 당시 어느 정도 고등학교 수학을 공부했기 때문에 완전히 처음 보는 내용처럼 3일 후에 바로 잊어버리지는 않을 것 같았다. 따라서 회독 수를 줄이고 복습 타이밍도 여유를 두고 설정했다.

상황에 따라 나처럼 특별히 정해진 기한 없이 공부하는 일이 있다. 또는 중단했던 공부를 다시 시작할 때처럼 어느 정도 지식이 있는 상태에서 시작하는 경우도 있다. 그럴 때 계획을 세우는 방법으로 참고하길 바란다.

　　　　　　　공부는 하기 싫지만 SKY는 가고 싶어

분량을 기준으로 계획하여 기초를 다진다

당시 대학 입시를 위해 수학을 공부하는 시간은 매일 한두 시간 정도 확보할 수 있었다. 물론 학교 수업 시간 이외의 시간을 활용했다. 실제로 문제를 풀어보며 이 시간 안에 진행할 수 있는 문제집의 분량을 확인하니 6쪽이었으므로 하루에 6쪽씩 공부하기로 했다. 이처럼 상향식 계획을 만들 때는 **우선 하루에 끝낼 분량을 정한다.**

하루 분량을 정한 다음에는 **마스터해야 할 전체 분량을 파악한다.** 이과는 수학도 종류가 많아서 수학Ⅰ·A, 수학Ⅱ·B, 수학Ⅲ·C[3]를 해야 하고 『차트식』 교재로 따지면 각각 한 권씩 모두 세 권을 끝내야 한다. 모두 합치면 2천 쪽 정도다. 2천 쪽이라고 하면 엄청나게 시간이 걸릴 것 같지만, 그럴 때일수록 계획을 제대로 세워서 끝내는 데 필요한 시간을 계산하면 안심이 된다. 구체적인 숫자라는 것은 그런 힘이 있다.

---

3   일본 고등학교 수학 교과는 수학Ⅰ, Ⅱ, Ⅲ과 수학 A, B, C로 구성된다. 수학Ⅲ과 수학 C는 이과만 배운다. 한국의 수학 과목인 수학Ⅰ, 수학Ⅱ, 미적분, 확률과 통계, 기하와 유사하지만, 일본의 수학C에는 벡터, 행렬, 복소수 평면이 포함되어 있다. 대학 입시에서는 대학별로 요구하는 과목이 다르다.

그럼 이제 계획 세우는 법을 살펴보자. **하루에 공부할 쪽수를 바탕으로 복습할 기간도 고려해서 계획을 세운다.** 내가 세웠던 계획을 살펴보자. 하루에 6쪽을 공부한다고 하면 3주, 즉 21일 동안 126쪽까지 진도를 나갈 수 있다. 다음 일주일은 직전 3주 동안 진행한 분량을 복습한다. 이것을 반복해서 한 권의 절반 정도가 끝나면 그때까지 공부한 범위를 2주 동안 다시 복습한다. 한 권을 약 630쪽이라고 보면 대개 6달에 한 권을 끝낸다는 계산이다. 수학의 『차트식』 교재는 모두 3권이므로 3권을 끝내는 데 18개월, 즉 1년 반이 걸린다.

참고로 수학의 경우, 2회독이 끝나면 한 문제 한 문제를 꼼꼼히 풀기보다는 문제를 보고 풀이 순서를 말할 수 있으면 푼 것으로 쳤다. 아는 문제에 시간을 들일 필요는 없기 때문이다. 다만 이때도 스스로 느슨해지지 않도록 조금이라도 헷갈리는 부분이 있으면 그 문제는 풀이를 정확하게 노트에 쓰면서 확인했다.

파란색 『차트식』을 끝내면 전형적인 문제 풀이는 모두 외운 셈이었다. 하지만 도쿄대의 입시 문제 수준까지 풀 수 있으려면 난도가 높은 문제를 반복해서 연습해야 했다. 그 기간은 내 경험으로 예상했을 때 대략 1년 정도면 충분하다고 판

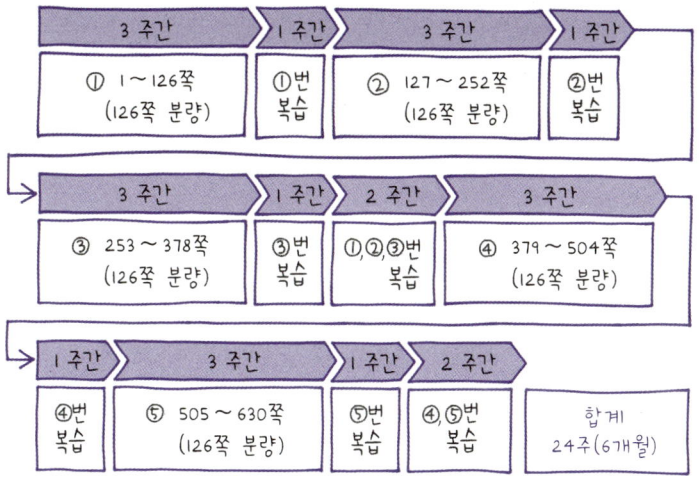

단했다. 정리하자면 수학 학습 계획은 6개월마다 『차트식』교재를 1권씩, 합계 3권을 1년 반 만에 끝내고 다음은 약 1년 안에 도쿄대 수준의 실력을 기르기 위한 문제 연습을 할 계획이었다. 계획을 세웠다면 이제 남은 건 착실히 실행하는 일이다.

◆ **창의 사고력을 길러**
고난도 문제까지 풀어낸다

『차트식』교재를 끝내고 도쿄대 입학시험의 고난도 수준에 맞는 실력을 기르기 위해 문제집을 고르러 서점에 갔다. 어느 정도 수학 실력이 붙었으므로 도쿄대 입시용 기출문제를 보면서 부족한 부분이 무엇인지 파악할 수 있었다. 전형적인 문제 해법을 외운 지금, 시작해야 할 문제집은 **창의 사고력, 즉 처음 본 문제라도 기존의 해법을 응용해서 스스로 해결하는 능력을 기르기 위한 문제집**이다. 한참을 고민한 끝에 난도가 높은 문제집을 여러 권 골랐다.

앞서 말했듯이 창의 사고력을 키우는 데 풀이를 완벽하게 외우는 공부는 의미가 없다. 따라서 3회독을 기준으로 하되 2회독부터는 틀린 문제만 반복했다. 창의 사고력을 기르는 문제집을 공부하는 계획은 간단하다. 먼저 한 문제를 푸는 데 걸리는 '평균 시간'을 구한다. 그 시간에 '전체 문항 수'를 곱해서 필요한 공부 시간을 계산하는 것이다.

예를 들어 문항 10개를 푸는 데 걸린 시간이 100분, 그중에 틀린 문제가 3개였다고 하자. 한 문제당 걸리는 시간은 100분÷10개이므로 10분이다. 여기에 틀린 문제 3개는 2회독, 3회독하면서 다시 풀어봐야 하니 3개×2회독=6개로 쳐서 전체 문제 수에 추가하면 된다. 결국 1회독 때 문제 10개,

2회독과 3회독에서는 틀린 문제 3개를 두 번 반복하므로 합계 16문제를 푸는 셈이다. 전체 문제 수가 100개일 때 회독까지 고려하면 결국 총 160개 정도의 문제를 풀게 된다. 앞서 문제당 10분이 걸린다고 했으므로 문제 100개가 담긴 문제집을 끝내는 데 걸리는 시간은 1600분(약 26시간)이 된다. **이처럼 책마다 필요한 시간을 산출해서 하루 공부 시간으로 나누면 문제집을 끝내는 데 필요한 날짜를 계산할 수 있다.**

이렇게 세운 공부 계획에 따라 문제집을 완벽히 마스터한 나는 도쿄대 기출문제에서 충분히 합격 점수를 딸 수 있는 수준이 되었다. 그 이후로도 꾸준히 도쿄대 모의고사와 입시 기출문제를 바탕으로 고난도 문제를 푸는 연습을 계속하면서 실력 유지에 힘썼다.

> **핵심
> 요약**
>
> 시험까지 시간이 많이 남았거나 정해진 시간이 없을 때는 상향식 계획 세우기가 효과적이다. 하루에 공부할 수 있는 분량과 참고서 전체의 쪽수를 참고해서 필요한 날짜 수를 계산한다. 사고력 과목의 공부 계획은 먼저 전형적인 문제 풀이를 익힌 다음에 창의 사고력을 기르는 2단계로 나누어 계획을 작성 및 실행하자.

만년 꼴찌를
도쿄대 합격생으로 만든
학습 루틴

◆ ## 일어나 있는 시간은
모두 공부로 채웠다

수험생 시절 나의 하루를 돌이켜 보면 그야말로 눈을 뜨고 있는 시간은 모두 공부로 채웠다. 매일 공부에 전력을 쏟아붓지 않아서 도쿄대에 떨어진다면 나중에 견딜 수 없으리라고 생각했다. 당시 사귀던 여자 친구가 있었는데 그녀와는 2주에 한 번 정도 만났다. 하지만 그 밖의 시간은 타협하지 않고 계속 공부만 했다. 휴식도 공부의 효율성을 높이기 위한 수단

공부는 하기 싫지만 SKY는 가고 싶어

으로, 그것도 최소한도만 쉬었다. 스스로에 대한 보상이라는 식의 의미 없는 휴식 시간은 없었다. 매일 밤 자기 전에 오늘도 완전히 불태웠다는 성취감이 나에게는 최고의 보상이었다.

특히 아침 시간을 상당히 소중하게 여겼기 때문에 보통 오전 3시쯤 일어나서 하루의 공부를 시작했다. 잠에서 깨면 약간의 탄수화물을 섭취해서 뇌에 영양을 공급하고 바로 책상 앞에 앉았다. 오전 6시 무렵까지 쭉 공부한 뒤 아침을 먹고 학교에 갈 준비를 한 다음 6시 반 정도에 집을 나섰다. 등하교하는 전철 안에서는 물론, 걸어가면서도 머릿속으로는 언제나 오늘 아침에 외운 내용을 반복해서 공부했다.

학교 수업을 마치고 오후 6시쯤 집으로 돌아와서도 한숨 돌릴 틈도 없이 바로 공부를 시작했다. 저녁 7시부터 30분 동안 밥을 먹고 7시 반부터 30분 동안 다시 공부한 뒤 8시에 목욕을 했다. 목욕할 때도 참고서를 들고 가서 그날 공부한 내용을 암기했다. 욕실 수증기 때문에 참고서가 자주 쭈글쭈글해졌던 기억이 난다. 8시 반쯤 목욕을 끝내면 또 바로 공부를 시작했다. 그렇게 오후 9시까지 공부하고 하루를 마무리하며 잠들었다.

보통 하루의 수면 시간은 6시간 정도였지만 너무 피곤한

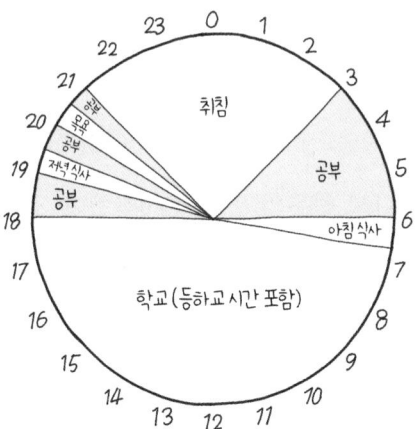

날에는 오전 4시에 일어나서 좀 더 수면 시간을 확보했다. 스스로 집중력이 어떤 상태인지 늘 의식하고 만약 몸이 너무 피로해서 공부에 방해가 될 때는 단 10분이라도 책상에 엎드려 자곤 했다. 구체적인 공부 시간은 학교 수업 시간을 제외하면 집에서 5시간, 등하교 시간 2시간을 합쳐서 7시간이었다.

주말에도
예외는 없다

◆

주말도 평일과 마찬가지로 오전 3시에 일어나서 하루의 공부를 시작했다. 주말이라고 늦게 일어나면 평일에 다시 일찍 일어나기가 너무 힘들어져서 평일에도 공부의 시작이 늦어질 확률이 높다. 오전 8시 무렵까지 공부하고 8시 반까지 아침밥을 먹는다. 그리고 다시 12시 무렵까지 공부하고 12시 반까지 점심 식사다. 아침 일찍 일어나기 때문에 점심을 배부르게 먹으면 졸려서 30분 정도 낮잠을 잔다. 그리고 맑고 개운해진 머리로 오후 1시부터 다시 공부를 시작한다.

조금 지쳤을 때는 적당히 5분 정도씩 쉬었다. 3시간 내리 집중해서 공부할 때도 있고 30분만 하고 휴식할 때도 있었다. 집중력이 좀 떨어진 것 같으면 그 단계에서 휴식을 끼워 넣었다. 그렇게 해서 저녁 7시까지 공부하고 7시 반까지 저녁을 먹은 뒤 다시 30분 동안 공부했다. 저녁 8시부터 목욕하거나 잘 준비를 한 뒤 8시 반부터 또 30분 공부하고 9시에 취침했다. 이렇듯 주말 동안 하루에 공부하는 시간을 계산하면 15시간 30분이 된다.

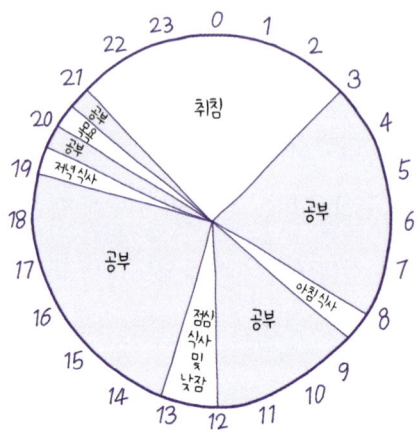

♦ ## 집중 상태에 따라
공부할 과목을 구분한다

　흔히 자기 전에 암기 과목을 공부하면 자면서도 그 내용이
더 오래 각인되는 효과가 있다고들 하지만 나는 별로 의식하
지 않았다. 내 경험상 자기 전에 한 일이 더 뚜렷이 기억에 남
는다는 감각은 느낄 수 없었기 때문이다. 그보다 내가 신경
쓴 것은 두뇌 컨디션에 따라 공부하는 과목을 정해둔 것이다.
졸릴 때는 난도가 높은 수학 문제는 도저히 풀 수 없다. 따라
서 수학과 같은 사고력 과목은 정신이 맑고 피곤하지 않은 상

태일 때 공부하도록 스케줄을 마련했다. 그래서 보통 아침에 일어난 직후에 사고력 과목을 공부하는 경우가 많았다. 나는 아침에 잘 일어나는 편이라서 잠에서 깬 직후라도 졸리지 않고 뇌도 완전히 깨끗한 기분이었다. 사고력 과목을 공부하는 데는 최적의 조건이었다.

한편 주말에 아침밥을 먹고 나면 새벽부터 공부하느라 조금 지쳐 있고 배도 불러서 머리가 둔한 느낌이었다. 그럴 때는 암기 과목을 공부했다. 암기 과목도 참고서의 문장을 이해해야 하지만 사고력 과목처럼 몇 단계나 깊이 파고들어 생각하는 것은 아니므로 약간 피곤해도 학습 속도가 크게 뒤처지지는 않았다. 이렇듯 자신의 두뇌 상태에 맞춰 공부 효율을 높이도록 과목의 순서를 조정해보길 권한다.

> **핵심 요약**
>
> 대학 입시를 준비하던 수험생 때는 눈뜨고 있는 거의 모든 시간에 항상 공부했다. 스스로 공부에 잘 집중하고 있는지 점검하면서 공부 시간과 휴식 시간을 적절히 조정해 보자. 두뇌 상태와 과목 특성에 따라 하루의 학습 계획을 세우면 공부 능률이 오른다.

전략 3

포기하지 않고
끝까지 공부하는 법

나만의 공부 목표를 찾으면 공부가 쉬워진다

◆ ## 내 안의 부정적 감정을 원동력으로 활용하라

나는 중학교 입시를 결심한 날부터 인생의 많은 시간을 공부에 할애했다. 대학 입시에 성공한 후에도 프로그래밍과 영어, 그리고 업무 역량을 기르기 위해 지금도 꾸준히 공부하고 있다. 공부하기 싫을 때도 있었지만 어떻게든 이겨내고 지금까지 계속 공부할 수 있었다. 높은 동기를 유지하며 대량의 공부 시간을 확보할 수 있는 나만의 비결을 소개해 보겠다.

'목표부터 설정해라. 그러면 할 일이 분명해지고 높은 동기를 지니며 앞으로 나아갈 수 있다.'

이런 말을 자주 듣는다. 그러나 내 입장에서는 틀린 이야기다. 목표는 한두 달 생각한다고 쉽사리 찾아지는 것이 아니다. 혹시 그렇게 짧은 기간 안에 찾았다면 그것은 착각이다. 자신의 마음을 속이고 만든 가짜 목표다. 그런 목표는 작은 고난에도 쉽게 사라져 버린다. **진정한 목표는 지금까지 살아온 시간 속에서 켜켜이 쌓인 감정을 바탕으로 눈앞에 닥친 일에 최선을 다하면서 비로소 찾아진다.** 그것이야말로 자기 마음속 깊은 곳에서 진정으로 납득할 수 있는 목표다.

초등학생 때부터 장래 희망을 써서 학교에 내곤 했는데 지금 생각하면 진심으로 하고 싶었던 것은 하나도 없었다. 그때그때 부모님이나 주변 어른의 말에 휩쓸려 적어 냈을 뿐이다. 어쩌면 조금 거창한 꿈을 이야기해서 주목받고 싶은 마음도 있었을 것이다. 하지만 진심으로 이루고 싶은 목표는 딱히 없었다.

그런 내게 뚜렷한 장래 목표가 생긴 것은 중학교 입시에 실패했을 때다. 무능한 스스로에게 너무 화가 나서 그때 처음 진심으로 도쿄대학교에 합격해서 이 실패를 설욕하자는 강한 열망이 생겼다. 그렇다면 내가 중학교 입시를 위해 열심히 공부할 수 있었던 동기는 무엇이었을까?

그것은 스스로 존재를 증명하는 것이었다. 나는 어릴 때부터 잘하는 것이 별로 없었다. 무엇보다 친형에 비해 배우는 속도가 늦어서 늘 열등감을 느꼈다. 잘하는 게 없으면 아무도 나를 신경 써주지 않는 것 같았다. 실제로 주변 사람들이 나를 그렇게 대한 것은 아니었지만 자신감이 없었던 나는 혼자서 주눅이 들었다. **하지만 공부를 오랜 시간 진득하게 하면서 결국 실력으로 형을 이길 수 있었고 학교 성적도 급속도로 올랐다.** 주변 친구들도 나를 칭찬하고 노력을 인정해 주었다. 비로소 나의 **존재 이유를 찾은 기분이었다.**

아직도 또렷이 기억나는 초등학교 때 일이 있다. 교내에서 줄넘기 이단 뛰기 대회가 열릴 예정이었다. 수업 시간에 처음으로 이단 뛰기라는 것을 배웠는데 2~3번 정도밖에 하지 못했다. 그런데 운동신경이 좋은 친구는 10번, 20번도 금방 뛰었고 친구들의 주목과 갈채를 한 몸에 받았다. 그것을 보고 '내가 만약 이단 뛰기 대회에서 1등을 하면 사람들이 얼마나 칭찬을 해줄까?' 하며 상상만으로도 가슴이 두근거렸다.

그날부터 비밀 특훈에 들어갔다. 학교에서 돌아오자마자 공원에서 매일 연습했고, 어느 순간부터 요령을 터득하여 점점 더 이단 뛰기에 성공하는 횟수가 늘어났다. 마침내 대회 당일, 모두가 100번을 넘기도 힘들어하는 와중에 홀로 160번이라는 기록을 세우며 일약 교내 스타가 된 나는 그날 느낀 강렬한 쾌감을 지금도 기억하고 있다.

이날의 경험은 나에게 평생 가는 큰 교훈을 남겼다. 어떤 일이든 처음에는 비록 부족한 실력을 지녔더라도, **남보다 몇 배 더 열심히 노력해서 성과를 내면 존재를 인정받을 수 있다**는 확신이었다. 그리고 내가 가장 잘하는 것은 공부였으니 남보다 열심히 공부해서 성적을 올리는 것이 내가 살아가는 의미처럼 느껴졌다.

자연스럽게 지역에서 가장 들어가기 어려운 중학교를 목표로 입시 공부를 하게 되었다. 하지만 학원이라는 좁은 세상에서도 나보다 공부를 잘하는 친구가 많았다. 그들보다 앞서기 위해 눈앞에 닥친 공부를 열심히 해냈다.

이토록 강렬하게 무언가에 꽂힌 사람은 좀처럼 없을 것이다. 내가 전하고 싶은 말은 내가 지녔던 열등감처럼 여러분 안의 성격, 감정, **특히 부정적인 감정에 주목하라**는 것이다.

공부는 하기 싫지만 SKY는 가고 싶어

그 부정적인 감정을 피하지 말고 제대로 마주해 보자. 당연히 피하고 싶을 것이다. 하지만 그 부정적인 감정을 어떻게든 이겨내겠다는 마음이 그 무엇보다 강력한 동기가 된다.

◆ ## 눈앞의 일에 최선을 다해야
진짜 목표가 보인다

일부러 공부의 목표를 찾으려 고민할 필요는 없다. 우선 당장은 지금 하는 일을 열심히 하자. 그 안에서 자연스럽게 다음 목표를 찾을 수 있다. 한 가지 주의할 점은 **부정적인 감정을 바탕으로 한 동기는 시간이 갈수록 정신적으로 힘들어진다는 것이다.** 나의 경우 스스로 존재의 이유를 증명하기 위해 필사적으로 공부했기 때문에 만일 공부를 그만두면 살아갈 의미를 잃게 된다. 하지만 어떤 일이든 그 상태가 영원히 유지될 리 없다. 결국 중학교 입시 때 나는 한계에 부딪혔다. 어떻게든 책상에 붙어 앉아 공부는 계속했지만 스트레스가 너무 심해서 물건에 분풀이를 하는 지경이었다.

중학교에 들어간 뒤 한참이 지나서야 이런 동기는 오래갈 수 없음을 깨달았다. 어느 날 문득 내가 **잘하고 좋아하는 물** **리 분야에서 일하며 살 수 있으면 좋겠다고 생각했다. 또 도** **쿄대에 들어가면 분명히 재미있는 연구를 할 수 있겠다고 긍** **정적인 동기로 바뀌었다.** 내가 좋아하는 것과 장래의 꿈이 이 어진 순간이었다.

지금 하는 일을 열심히 하다 보면 자연스럽게 다음 목표와 장래의 꿈을 깨닫게 된다. 그렇게 분명해진 목표야말로 자신 의 마음에 거짓이 없는 진짜 목표다. 그 목표를 진심으로 이 루기 위해 노력하는 동안 또 그다음에 하고 싶은 것, 또 다른 목표가 나타난다. 그런 진정한 목표가 우리가 노력하는 동기 의 최대 원천이다.

> **핵심** **요약** 우선은 당장 눈앞의 일에 최선을 다하자. 자신의 부정적인 감 정을 마주하고 극복하기 위해 필사적으로 노력하는 동안 하고 싶은 것, 할 수 있는 일이 생긴다. 그것이 우리의 진짜 목표다.

공부는 하기 싫지만 SKY는 가고 싶어

좋은 동기 vs.
나쁜 동기

♦ ## 부정의 동기는 공부를 계속하는
강력한 원동력이 된다

목표를 향해 전진할 때 내게는 늘 두 종류의 동기가 있었
다. 긍정의 동기와 부정의 동기다. 긍정의 동기는 원하는 것을
얻고 싶어 하는 긍정적이고 적극적인 동기다. 부정의 동기는
무언가를 잃고 싶지 않거나 특정 상황에서 도망치고 싶은 부
정적이고 소극적인 동기다. 사람들은 보통 출세하거나 유명
해지고 싶다는 등 긍정의 동기를 더 중요시하곤 한다. 하지만

실제로 우리를 움직이는 원동력은 부정적인 동기다. 현재 지위를 잃고 싶지 않거나 내게 맞지 않는 직장을 그만두고 싶은 마음이다. 부정적인 동기가 더 강력한 이유는 열심히 하지 않으면 피해를 입을 것임을 분명히 알 수 있기 때문이다. 지금 공부를 제대로 하지 않으면 다음 주 시험을 망칠 것이 확실하다. 업무 역량을 기르지 않아서 성과를 내지 못하면 승진도 못 하고 좋은 곳으로 이직도 할 수 없다.

내게도 부정의 동기가 공부하는 데 큰 원동력이 되었다. 어릴 때부터 공부를 못하면 인정받지 못한다는 일종의 공포심 때문에 열심히 공부했다. 중학생 때부터는 도쿄대에 입학해서 재미있는 연구를 맘껏 하고 싶다는 긍정적인 목표가 생기기는 했지만 여전히 공부를 안 하면 하찮은 존재로 돌아가 버린다는 공포심이 남아 있었다. 오랫동안 노력해서 쌓아 올린 '똑똑한 나'라는 지위를 잃고 싶지 않다는 부정의 동기가 매일 힘든 공부를 열심히 해내는 힘이 되었다.

성인이 되어 프로그래밍을 공부할 때도 부정의 동기가 도움이 되었다. 당시 컨설팅 회사에 다녔는데 하루에 12시간 노동이라는 극한의 근무 환경 속에서도 매일 아침 3시간 정도 프로그래밍 공부를 하고 출근했다. 물론 프로그래밍 기술을 배워서 세상을 좀 더 편리하게 만드는 서비스를 개발하고 싶다는 긍정의 동기도 있었다. 하지만 동시에 '빨리 이 힘든 직장에서 탈출하고 싶다'는 부정의 동기가 강력하게 작용했다. 그 힘으로 새벽에 알람 시계가 울릴 때마다 '더 자고 싶다'는 유혹에 빠지지 않고 버틸 수 있었다. '여기서 자버리면 이 회사를 탈출하는 날이 또 하루 늦어진다'는 생각에 힘을 낼 수 있었다.

부정의 동기가 없는 사람도 있다. 취득하고 싶은 자격증이나 배우고 싶은 기술은 있지만 실패해도 부담이 없는 경우다. 그런 상황에서는 좀처럼 동기를 유지하기가 어렵다. 그럴 때는 기술과 자격 취득에 실패했을 때 자신이 피해를 받는 상황, 즉 지금 자신이 지닌 것을 잃어버리는 상황을 스스로 만들면 된다. 예를 들면 '1년 안에 자격 취득을 목표로 공부한다'라며 주변 사람들에게 선언한다. 만일 기한까지 취득하지 못하면 스스로 부끄럽기도 하고 현재의 평판이나 신뢰성이 떨어질 수 있으니 더 공부에 집중하게 된다.

나도 중고교 시절에 부정의 동기를 강화하기 위해 친구들에게 늘 성적을 공표했다. 점수가 높든지 낮든지 큰 소리로 알려주었다. 다음 시험에서는 낮은 성적을 알리고 싶지 않다는 부정의 동기가 공부 의욕을 유지하게 했다. 이처럼 스스로 부정의 동기가 생길 만한 상황을 만들어서 매일의 원동력으로 활용해 보자.

◆ 긍정의 동기는
꺾이지 않기 위한 나침반이 된다

긍정의 동기는 부정의 동기만큼 강력한 의욕을 불러일으키지는 못한다. 무언가를 얻고 싶다는 바람은 실패했을 때 아쉽기는 하지만 직접적인 피해는 없기 때문이다. 그래서 공부가 힘들 때 '그만해도 되지 않을까?' 하고 마음이 약해지기 마련이다. 자격증을 따서 월급을 더 많이 받고 싶지만 당장 그 자격증이 없어도 지금과 같은 생활은 가능하다. 따라서 퇴근하고 집에 와서 공부하려고 생각해도 '종일 바빴으니까 오늘만 쉬자'라는 식으로 쉽게 타협해 버린다.

그렇다면 긍정의 동기는 어떤 효과가 있을까? 그것은 한 가지 목표를 향해 지속적으로 노력할 수 있는 나침반의 역할이다. 부정의 동기밖에 없다면 괴로운 상황에서 도망칠 목적으로만 행동해서 결국 멀리 보면 이룬 것이 없을 수도 있다. 한 계단, 또 한 계단 착실히 올라가는 노력이 아니라 조금 올라가다가 힘들어서 뛰어 내려오고 또 다른 계단으로 올라가다가 내려오는 식이다. 단기적으로는 성취할 수 있을지라도 장기적으로는 만족할 만한 결과를 얻을 수 없다. 이때 긍정의 동기를 지니고 있으면 힘든 상황에서 벗어나려고 노력할 때도 그 방향성이 긍정의 동기에 맞는지 비춰 보면서 착실히 노력해 나갈 수 있다. 그야말로 인생의 나침반이다.

나는 중고등학교, 그리고 대학에 진학해서도 도쿄대에서 재미있고 의미 있는 연구를 하고 싶다는 생각을 늘 마음 한구석에 품고 있었다. 그것이 당시 내게는 공부하는 긍정의 동기였다. 중고등학교 시절에는 인생의 선택지가 많지 않았으므로 긍정의 동기가 없어도 '똑똑한 나'라는 지위를 잃고 싶지 않다는 부정의 동기만으로도 도쿄대에 들어갈 수 있었다.

하지만 대학생이 되니 인생의 선택지가 단번에 늘어났다. 공부가 힘들 때, 장래에 도움이 되지 않아도 학점을 따기 쉬운 강의를 선택하고 싶은 유혹은 얼마든지 있었다. 또 도쿄대학교는 입학 때 학부를 정하지 않고 3학년에 올라갈 때 성적 순으로 희망하는 전공을 고를 수 있다. 물론 성적이 나빠도 들어갈 수 있는 학부는 있기 때문에 공부가 힘들면 성적이 낮아도 들어갈 수 있는 학부를 목표로 하면 된다. 어떤 학부든 도쿄대라는 브랜드는 바뀌지 않는다. '똑똑한 나'라는 이미지를 잃는 일은 없다. 그렇다면 원래 가고 싶은 곳은 아니지만 쉽게 들어갈 수 있는 학부여도 충분하지 않은가. 솔직히 그렇게 생각한 적도 있다. 하지만 그럴 때야말로 긍정의 동기, '위대한 연구를 하고 싶다'라는 마음을 되새기면서 관련 공부를 할 수 있는 학부에 들어가기 위해 착실히 노력할 수 있었다.

이처럼 긍정의 동기가 나침반 역할을 확실히 하려면, 오랫동안 노력해야 달성할 수 있는 목표를 설정해야 한다. 예를 들면 자격증 공부를 시작할 때 '자격증이 있으면 월급이 오르니까'가 아니라 '그 자격이 되면 새로운 업무를 담당할 수도 있고 그 일로 몇 년 후에는 이러이러한 성과를 내고 싶다'와 같이 더 장기적이고 큰 목표를 지녀야 한다. 그래야 지치지 않고 꾸준히 해나갈 힘이 생긴다.

> **핵심 요약**
> 지속 가능한 공부를 위해서는 긍정의 동기와 부정의 동기를 모두 지니는 것이 중요하다. 무언가를 잃고 싶지 않거나 현재 상태에서 도망치고 싶은 부정의 동기야말로 매일 공부를 계속하는 큰 원동력이 된다. 하지만 그 노력을 하나의 방향으로 쌓아나가기 위해서는 긍정의 동기가 뒷받침되어야 한다.

공부는 하기 싫지만 SKY는 가고 싶어

일단 시작하면
의욕이 생긴다

♦ ## 어떤 일이든
시작이 반이다

"의욕이 생긴 다음에 시작하는 게 아니라 일단 시작하라. 그러면 의욕이 생긴다."

이런 말을 들어봤는가? 공부하기가 싫어도 꾹 참고 어쨌든 책상 앞에 앉아 책을 펼치면 의외로 순조롭게 계속할 수 있다. 하지만 여전히 공부를 시작하기조차 어렵다는 사람이 많으므로 '일단 시작하기'를 위해 필요한 방법을 살펴보자.

방법 ① 공부하다가 일부를 남기고 강제 종료한다

나는 '일단 시작하기'를 위해서 매번 공부를 어중간한 부분에서 멈추는 전략을 세웠다. 매번 내용이 깔끔하게 끝나는 부분까지 공부하고 그만두면 다시 시작할 때 좀처럼 의욕이 생기지 않는다. 내용이 일단락되었으니 만족하고 그 순간 공부에서 마음이 떠나버린다. 그러면 다음에 공부를 시작할 때 또다시 힘들게 마음을 다잡아야 한다.

반면에 조금만 더 하면 풀릴 것 같은 문제를 풀다 말거나 참고서의 해설을 중간까지만 읽다가 그만두면 답답함이 남는다. 그 답답함이 쉬는 동안에도 계속 공부에 신경 쓰게 만든다. 그러면 다시 공부를 시작할 때 거부감 없이 시작할 수 있다. 책상에서 몸이 떠나더라도 공부에 대한 마음을 완전히 끊지 않는 것이 중요하다. 예를 들면 1분 정도만 더 하면 마무리되는 부분에서 그만둔다. 그러면 공부에 시간을 쓸 수 있는 틈이 날 때 딱 1분만 투자해서 얼른 끝내고 싶어진다. 그렇게 1분이라도 일단 공부하기 시작하면 계속하기가 힘들지 않다. 또 그렇게 한참 공부하다가 어중간한 곳에서 강제 종료한다.

그러면 또 다음에 마무리를 짓고 싶은 마음에 바로 공부를 시작할 수 있다. 이 과정을 반복하면서 늘 공부에 대한 관심을 끊지 않도록 한다.

만약 이 방법을 지키지 못하고 공부 내용이 마무리되는 곳에서 끝난 상태라면 다음에 공부를 시작할 때 에너지가 많이 필요하다. 그 에너지를 최대한 줄일 방법들을 이어서 소개하겠다.

방법 ② 간단한 일부터 시작한다

첫째는 저항이 적은 공부부터 시작하는 방법이다. 머리를 전혀 쓰지 않아도 할 수 있는 것부터 시작한다. 간단한 계산 문제나 이미 내용을 확실히 이해한 곳을 다시 읽어도 좋다. **어쨌든 교재를 펼치게만 할 수 있다면 어떤 사소한 것도 괜찮다.** 오늘 공부할 범위가 아니라도 된다. 그때까지 공부한 것 중에서 재미있었던 부분을 다시 한번 가볍게 훑는 것도 좋다. 그렇게 간단한 단계부터 시작해서 어쨌든 공부 모드로 세팅하면 진짜 해야 할 공부가 조금은 힘들더라도 그대로 계속하기 쉬워진다.

방법 ③ 이동 중에 미리 할 일을 정리한다

이동 중에 구체적인 학습 계획을 세우면 목적지에 도착해서 바로 공부를 시작할 수 있다. 예를 들어 학교가 끝나고 집에 도착한 뒤에 무엇을 공부해야 할지 생각하면 순간 유혹이 덮친다. '오늘은 너무 피곤한데 조금만 쉴까?' 하는 생각에 가방을 내던지고 소파에 앉아 이런저런 생각을 하다가 시간을 흘려보내기 쉽다. 이를 막기 위해 이동하는 동안 공부할 내용을 미리 정리하자. 한발 더 나아가 다음 할 일까지 구체적으로 계획해 놓는다. '교재 A의 이전 내용을 복습하고 10쪽을 외운 다음, 교재 B를 5쪽 살펴본 뒤 마지막으로 전체를 다시 검토한다' 하는 식이다. 이렇게 하면 **할 일을 정하는 사이에 의식이 이미 공부 모드로 전환되므로** 저항감이 줄어들어 귀가 후 바로 공부를 시작할 수 있다.

방법 ④ 매일 동일한 시간에 공부하는 습관을 만든다

정해진 시간에 반드시 공부하는 습관을 들이면 그 시간에 공부하지 않았을 때 왠지 불안한 마음이 든다. 물론 매일 정해진 시간에 공부하기는 지키기 어렵다. 집에 돌아와서 바로 공부하기로 했지만 피곤해서 잠시라도 쉬고 싶어진다. 그 마음은 너무 잘 안다. 그렇다면 피곤하지 않을 때, 즉 공부하는 데 장애물이 없는 시간을 정해 공부하는 습관을 들이면 된다.

예를 들면 아침에 일어나자마자 공부하는 것이다. 아침에는 몸도 머리도 충분히 휴식을 취한 다음이므로 더 쉴 필요가 없다. 하루 중 가장 공부를 시작하기 쉬운 시간이다. 만약 아침 시간에 잠이 덜 깨서 공부하기가 어렵다면 수면의 양과 질을 제대로 확보할 수 있도록 생활 습관을 개선한 다음에 시작하자.

아침의 공부 시간은 30분, 하다못해 10분이라도 엄청난 효과를 발휘한다. 그 10분 동안 공부할 때도 앞서 방법 ①에서 익힌 것처럼 일부러 어중간한 곳에서 끝내버린다. 그렇게 하면 집에 돌아왔을 때 바로 공부를 시작하기가 훨씬 쉬워진다.

◆ 계속 공부하려는 마음가짐을 지닌다

궁극적인 목표는 언제 어디서든 바로 공부할 수 있는 자세를 갖추는 것이다. 다시 말해 늘 공부를 의식하는 자세다. 장

시간 쉬게 되면 공부에 대한 의식이 흐려지고 다시 시작할 때 몸이 무거워진다. 이를 피하고 싶다면 휴식 시간은 짧게 정해 두고 공부에 몰입하면 된다. 친구를 만나거나 취미 시간을 보내며 정신을 환기하는 의미 있는 휴식이라면 괜찮다. 그렇지 않고 매일 집에 돌아와 멍하니 있거나 저녁 식사 후 늘어지는 시간, 즉 의미 없이 보내는 시간을 최대한 0으로 만드는 것이 목표다. 처음부터 완벽히 실현하기는 어렵겠지만 이를 목표로 꾸준히 노력한다면 점점 더 가까이 갈 수 있다. 나 역시 지금도 늘 공부하는 사람이 될 수 있도록 매일 나 자신과 싸우고 있다.

> **핵심
> 요약**   한번 시작하고 나면 계속 공부할 동력이 생긴다. 일단 공부를 시작하려면 어중간한 부분에서 공부를 강제 종료하는 방법이 가장 효과적이다. 또한 달성하기 쉬운 간단한 것부터 시작하거나 이동 중에 그날 할 공부를 정리하고 매일 정해진 시간에 같은 공부를 하는 방법도 유효하다. 꾸준히 공부하는 나의 모습을 만들기 위해 노력하자.

공부는 하기 싫지만 SKY는 가고 싶어

공부가
더 즐거워지는 방법

◆ ## 결과가 아니라
과정을 즐기자

입시에서 좋은 성적을 내서 명문대에 진학하면 더 좋은 직장에 취직할 확률이 높아진다. 또 자격증을 따거나 기술을 배우면 사회에서 더 인정받게 되는 긍정적인 결과를 마주할 수 있다. 많은 사람이 그것을 목표로 매일 열심히 공부한다. 기분 좋게 목표를 달성하기 위해 현재의 고통을 인내한다. 하지만 그것만으로는 남보다 앞서 나갈 수 없다. 열심히 공부해서 얻을 수 있는 결과뿐 아니라 그곳에 이르기까지의 과정도 즐거워야 한다. 그래야 지치지 않고 꾸준히 공부하며 목표를 손에 넣을 수 있다. 누가 더 빨리 목표를 달성하는가는 누가 매일 마주하는 공부를 좋아할 수 있는가에 달렸다.

나도 암기를 잘하지 못해서 어렸을 때는 정말 힘들었다. 외우기가 너무 싫어서 암기 과목은 항상 끝까지 미루곤 했다. 공부를 시작해도 '이 고통을 이겨내면 좋은 점수를 얻을 수 있으니 조금만 더 열심히 해보자' 하며 고통을 꾹꾹 참는 기분으로 공부했다.

하지만 이런 마음가짐이라면 공부는 오래갈 수 없다. 아무리 참을성이 많은 사람일지라도 싫어하는 일을 장기간 계속하기는 쉽지 않다. 나는 어떻게든 암기 과목 공부를 계속하기 위해 방법을 찾다가 마침내 싫어하는 과목도 좋아지는 방법을 터득했다.

방법 ① 공부로 경험할 수 있는 성장의 기쁨을 찾는다

단순히 공부의 내용을 체득하며 지식을 쌓는 성장이 아니라, 그 과정에서 터득하게 되는 공부 방법이나 두뇌 사용법 또는 마음가짐의 변화와 같이 더 넓은 의미의 성장을 찾아보

공부는 하기 싫지만 SKY는 가고 싶어

자. 이러한 보편적인 의미의 성장은 우리가 죽을 때까지 삶에 반드시 도움이 된다. 심지어 공부가 아닌 일상생활에서도 쓰임이 있다. 평생의 자산을 얻는 과정이라고 생각하면 공부하는 데 큰 동력을 얻을 수 있다.

다만 이 넓은 의미의 성장은 막연하게 공부해서는 얻기 힘들다. 하루의 공부가 끝나면 의식적으로 그날 공부에서 내적으로 성장한 부분이 있는지 돌이켜 보자. '오늘은 어제보다 더 집중이 잘됐어. 왜일까? 맞아, 오늘은 분량을 압축해서 빠르게 살펴보는 작업이 수월하게 잘 이루어졌어' 하고 스스로 하루의 공부를 돌아보면서 매일 어떤 성장을 경험하고 있는지 발견하고 이어지는 공부에 활용할 수 있다. **어제와 다른 무언가를 발견하고 그 원인을 찾는 것은 넓은 의미의 성장을 손에 넣는 첫걸음이다.**

성장을 직접 만들어낼 수도 있다. 지금까지와는 조금 다른 공부법을 찾아 실천해 보거나 학습 계획을 바꾸는 등 새로운 시도를 해본다. 바꾼 방법으로 공부 능률이 더 높아질 수도 있고 역효과가 날 수도 있다. 하지만 어느 쪽이든 그 과정을 통해 깨닫게 되는 부분이 있으므로 다음 날부터 공부에 또다시 활용할 수 있다. 바꾼 방법으로 성취가 올랐다면 그대로 계속하고, 아니라면 기존 방법이 자신에게 더 맞다는 확신을 얻으며 공부해 나갈 수 있다.

방법 ② 잘하지 못하는 현재의 나를 즐기자

엄밀하게는 방법 ①에 포함되지만 특별히 강조하고 싶어서 따로 떼어 두 번째 방법으로 소개한다. 싫어하던 공부도 좋아지는 두 번째 방법은 바로 '미숙한 현재의 자신을 즐기는 마음가짐 갖기'다. 평소 어려워하거나 잘 모르는 분야는 진도가 더딘 경우가 많다. 이때는 공부하는 데 더 다양한 방법을 모색하고 시도할 필요가 있다. 그리고 이렇게 깊이 고민할수록 삶은 더 진정한 성장을 이루게 된다. 당장 눈앞에 닥친 난관을 극복하기 위해 스스로 여러 대안을 찾아보면서 사고의 폭을 확장할 수 있기 때문이다.

결국 자신이 어려워하는 분야를 공부하는 과정은 성장으로 가는 기회의 보물 상자다. 소중한 성장의 기회를 충분히 즐기기를 바란다. 그리고 그 어려운 분야를 극복했을 때 평범한 수준의 완성도라고 할지라도 자신이 들인 노력은 양도 질도 평범한 수준이 아니다. 크게 성장했다는 자부심을 느끼자. 이것이 바로 못하는 자신을 즐기는 일이다.

공부는 하기 싫지만 SKY는 가고 싶어

방법 ③ 지금 이 순간에 집중하면 공부가 더 수월해진다

마지막 방법은 학습의 전체 분량을 의식하지 않는 것이다. 할 게 이렇게나 많다고 생각하면 공부하기도 전에 지친다. 시험 때까지 외워야 할 분량을 생각하면 자기도 모르게 '이 일을 해내는 건 무리'라며 부정적인 생각이 강해지고 의욕이 떨어진다. 따라서 공부해야 할 전체 분량은 크게 신경 쓰지 않는 편이 좋다. 계획을 세울 때는 전체 범위를 생각해야 하지만 **실행 단계에서는 매일 끝내야 할 분량, 지금 이 순간, 이 페이지의 공부에 집중하면 마음이 편안해진다.**

달리기를 예로 들어보자. 매일 공원을 30바퀴 돌기로 마음먹고 한 바퀴 돌 때마다 '이제 남은 바퀴 수는 29바퀴, 28바퀴, 27바퀴…' 하며 남은 거리를 생각하면 뛰는 과정이 아니라 단지 빨리 목표 바퀴 수를 채우고 끝내야겠다는 생각만 나며 머릿속이 아득해진다. 그게 아니라 지금 내딛는 한 발 또 한 발에 집중해야 한다. 현재 몇 바퀴째인지 세기는 하지만 달리고 있는 몸의 상태에 모든 의식을 모은다. 그러면 30바퀴도 수월하게 느껴진다.

공부도 마찬가지다. 특히 어려운 분야, 하기 싫은 내용일수록 학습의 전체 분량을 신경 쓰지 말고 지금 순간에 최대한 집중하면서 공부해야 한다. 중간에 쉴 때 자기도 모르게 아직도 이렇게 많이 남았다는 생각이 들 것이다. 그때 바로 생각을 고쳐먹고 지금 하는 공부에 집중하다 보면 어느새 오늘 끝내야 할 분량이 얼마 남지 않은 상태가 된다. 이런 식으로 의식을 조절하면 어려운 내용도 힘들지 않게 넘길 수 있다.

> **핵심**
> **요약**
>
> 공부로 이룰 수 있는 결과가 아니라 그곳에 이르기 위해 공부하는 과정을 즐기자. 이를 위해서는 단순한 지적 성장이 아니라, 더 넓은 의미의 성장을 즐기려는 마음가짐이 중요하다. 어려운 분야의 공부는 특히 성장의 기회를 가득 담은 보물 상자다. 학습의 전체 분량을 의식하지 말고 지금 이 순간의 공부에 집중하면 의욕을 잃지 않고 공부를 계속해 나갈 수 있다.

유혹과 싸우지 않고도 이기는 법

♦ ## 유혹의 대상을 기분 전환의 도구로 활용하자

눈앞에 정말 좋아하는 대상이 있는데 무시하고 공부에만 집중하는 일은 누구에게나 어렵다. 하루, 이틀 정도는 참을 수 있어도 장기간 인내하기는 불가능에 가깝다. 각종 SNS부터 영상, 게임, 만화 등등 재미와 오락이 넘치는 현대 사회를 살아가는 이상 어쩌면 처음부터 유혹과 싸우지 않는 편이 현명하다. 유혹을 완전히 없애기는 어렵지만 공부에 방해받지 않는 방법을 소개하겠다.

첫 번째는 유혹의 대상을 기분 전환의 용도로 활용하는 것이다. 예를 들면 스마트폰으로 SNS를 보는 일도 공부에 집중하기 위해 힘을 충전하는 긍정적인 기능으로 활용할 수 있다. 오늘 교재를 10쪽 공부하고 중간에 자유 시간이 1시간 있다고 해보자. 자유 시간에 무엇이든 자신이 좋아하는 일을 하면 기분 전환이 된다. 다만 1시간 이상으로 길어지면 유혹에 지는 꼴이 된다.

유혹과 기분 전환을 구분하는 방법은 쉽다. **본인의 의지대로 얼마든지 계속할 수 있는 것은 공부를 방해하는 유혹이 되기 쉽고, 체력적으로 계속할 수 없거나 자신의 의지와 상관없이 끝나버리는 것은 기분 전환이 되기 쉽다.** 예를 들어 게임이나 SNS, 인터넷 서핑은 하고 싶으면 얼마든지 가능하므로 유혹이 되기 쉬운 행동이다. 반면에 운동은 체력적으로 몇 시간이나 계속할 수 없으므로 기분 전환이 되기 쉬운 행위다. 또한 영화나 스포츠 시합 관전은 내 의지와 관계없이 종료되므로 기분 전환이 되기 쉽다. 같은 드라마와 만화영화라도 과거 방영분을 정주행한다면 유혹이 되기 싶지만 매주 본방을 본다면 다음 회차를 기다려야 하므로 기분 전환이 되기 쉽다.

이렇게 열거해 보면 의외로 유혹을 일으키는 행위보다 기분 전환이 되는 행위의 종류가 더 많다. **매일 계획대로 공부할 때 유혹이 아니라 기분 전환으로 스트레스를 해소하는 습관이 바람직한 것**은 말할 필요도 없다. 따라서 자신의 스트레스 해소법을 열거해 보고 유혹이 되기 쉬운 대상은 기분 전환으로 대체해 보자. 그동안 인터넷 서핑하던 시간에 드라마의 최신화를 본방 사수하거나, SNS를 하던 시간을 운동 시간으로 바꾸는 것이다.

◆ 유혹을 부르는 물건을 과감히 버리자

유혹의 대상을 다른 행위로 대체하려고 해도 평소 너무 좋아하는 것이라 포기하기 어려울 수도 있다. 그 일이 예정된 공부 시간을 빼앗지 않는 범위에서 자제할 수 있다면 전혀 문제 되지 않는다. 하지만 일단 시작하면 스스로 빠져나오지 못해서 정신을 차리니 몇 시간이 흘러가 있는 식이라면 조치가 필요하다. 그런 날이 계속되면 극적으로 환경을 변화시켜야 한다. 가장 효과적인 방법은 극단적이기는 하지만 유혹을 부르는 물건을 버리는 것이다.

대학 때 나도 게임에 빠진 시기가 있었다. 오늘은 절대 하지 않겠다고 다짐해도 집에 가면 나도 모르게 게임에 빠져들었다. 좋아하는 음식을 먹거나 달리기하면서 기분 전환을 해봐도 게임에 대한 유혹을 떨쳐낼 수가 없었다. 그런 날이 며칠이나 이어지자 결국 게임기를 버릴 수밖에 없다는 생각에까지 이르렀다. 그 순간 유혹이 뇌 속에서 외쳤다.

'내일부터 게임을 못 할 텐데 괜찮아? 그동안 열심히 아껴서 모은 돈으로 산 게임기인데 아깝지 않아?'

그럼에도 과감하게 게임에 관련된 물건을 모두 버릴 수 있었던 이유는 하나다. 내 꿈을 버리고 싶지 않았기 때문이다.

'지금 게임을 버리지 않으면 위대한 연구를 하겠다는 내 꿈을 버리게 된다. 내가 원하는 것은 과연 무엇인가?'

이렇게 스스로 물었을 때 내 대답은 망설임 없이 '꿈'이었다. 게임과 꿈을 비교하다니 과장이라고 생각하겠지만 **강력한 유혹은 인생을 뒤바꿀 정도의 나쁜 영향을 미친다.** 그때 게임을 버리지 않았으면 나는 공부에 전력을 쏟을 수 없었을 테고 지금과 아주 다른 인생을 살게 됐을지도 모른다.

그러니 유혹을 부르는 물건은 모두 버려라. 지금 공부하지 않으면 안 된다고 생각하지만 매일 유혹에 져서 계획대로 공부할 수 없는 상태라면 남김없이 버리자. 유혹에 져서 버릴 수 없다면 그 시점에서 이미 목표를 포기하는 것이나 마찬가지다. 인생의 큰 갈림길에 서 있다고 생각하고 결단을 내려야 한다. 지금 여러분이 버리려는 것은 유혹인가 아니면 자신의 꿈인가?

♦ ## 장애물을 만들어
유혹에서 멀어진다

유혹을 일으키는 대표적인 물건 중에 버리기 어려운 것이 있다. 바로 스마트폰과 컴퓨터다. 모두 게임이나 인터넷과 같은 오락 수단인 동시에 일상생활을 유지하기 위해 필요한 도구다. 업무나 인간관계에 지장이 생기기 때문에 버릴 수는 없지만 **유혹을 일으키지 않는 상태로 바꿀 수는 있다.** 먼저 스마트폰에 심심풀이로 하면서 시간을 잡아먹는 앱이 깔려 있다면 삭제한다. 하고 싶어지면 다시 다운로드할 수 있겠지만 그래도 터치 한 번에 작동하는 상태보다는 다시 깔아야 한다는 번거로운 단계를 거쳐야 하므로 조금은 효과가 있다.

공부하는 동안은 스마트폰을 만지지 못하게 만드는 방법도 고안하자. 스마트폰을 다른 방에 두기만 해도 효과가 있다. 눈앞에 있으면 아무래도 자주 보게 되지만 떨어져 있으면 그런 일이 없어진다. 공부할 때 식구들에게 스마트폰을 맡기는 것도 좋은 방법이다. 가족이 지켜보는 곳에 스마트폰을 두고 공부가 끝날 때까지 만지지 않겠다고 선언한다. 약속을 어기면 창피하니 스마트폰을 만지작거리기 어려워진다.

원룸이나 기숙사에 산다면 스마트폰을 둘 별도의 공간도 없고 감시해 줄 가족도 없다. 이럴 때는 앱을 작동하기가 번거롭고 시간이 걸리도록 만든다. 공부할 때는 전원을 아예 꺼놓거나 옷장 깊숙한 곳에 넣어두고 꺼내기 어렵게 만드는 것도 방법이다. 요즘은 스마트폰을 넣으면 설정한 시간까지 열리지 않는 스마트폰 보관함도 많이 나와 있으니 활용해 보자.

공부는 하기 싫지만 SKY는 가고 싶어

핵심 요약

유혹은 싸움의 대상이 아니다. 공부로 쌓인 스트레스를 해소해 주는 기분 전환 용도로 활용하자. 본인의 의지로 통제할 수 있는 만큼의 시간만 들이는 게 핵심이다. 도저히 그만둘 수 없다면 그 대상을 버리거나 이용하기 번거롭게 만들어서 유혹에 빠지지 않도록 하자.

타인의 평가보다
더 신경 써야 하는 것

◆ ## 남의 평가를
모두 귀담아들을 필요는 없다

지금까지 열심히 공부했던 만큼 나는 주변에서 칭찬을 자주 들어왔다. 부모님이나 친구들에게 '열심히 공부해서 기특해', '이번에도 성적이 좋네, 대단해!'와 같은 말을 들으면 처음에는 마냥 기뻤다. 그런데 조금이라도 성적이 떨어질라치면 평가는 금세 엄격해져서 '요즘 제대로 공부하고 있는 거니?', '이번에는 망했네'와 같은 말로 돌아왔다. 여태 성적이 좋다가 고작 한두 번 실패한 걸로 그런 소리를 듣는 게 괴로 웠다. **남의 평가로 인해 감정이 좌우되는 일은 공부를 계속하 는 데 큰 방해가 된다.** 칭찬은 즉각적으로 동기를 강화하지만 엄격한 평가는 오랫동안 부정적인 영향을 미친다. 공부해야 한다고 생각해도 평소처럼 집중이 되지 않는 것이다.

비슷한 일이 반복되면서 나는 열심히 노력한 적이 없는 사 람일수록 결과만 보고 평가한다는 사실을 깨달았다. 스스로 시행착오를 거듭하면서 부단히 노력해 온 사람은 좋은 성적 을 유지하기가 얼마나 힘든지 뼈저리게 안다. 그러므로 결과 만 보고 단편적인 평가는 하지 않는다.

또한 **진정한 노력이 무엇인지 알지 못하는 사람의 평가는 아무런 의미가 없다고 생각하게 되었다.** 그런 사람의 평가에 내 감정이 휘둘리는 것은 시간 낭비다. 그래서 이제는 좋은 평가든 나쁜 평가든 감정에 크게 영향을 받지 않는다. 심하게 말하면 '네가 그렇게 생각하든 말든 나는 개의치 않는다' 하 는 태도다.

물론 **내가 진짜로 노력한다고 인정할 수 있는 친구와 지인 의 평가는 소중히 받아들이고 있다.** 그들의 평가에는 나 자신 을 객관적으로 바라보고 개선할 수 있는 조언이 담겨 있다.

그런 의미에서 10% 정도는 타인의 평가를 인정하고 있다.

◆ 오직 나만이 자신을 제대로 평가할 수 있다

공부해도 성과가 오르지 않을 때 가족이나 친구들이 나를 위해서 충고해 주곤 한다. 처음에는 그 이야기를 모두 받아들여서 실천했지만, 어느 순간 깨달았다. 이건 의미가 없는 짓이라는 사실 말이다. 다른 사람은 내 상태를 완전히 파악하지 못한다. 나를 오랜 시간 지켜봐 온 부모님이라도 대학 입시 시절에 내가 매일 어떤 노력을 했고 어떻게 문제점을 개선하고자 애썼는지 알지 못할 것이다. 그러나 나는 당연히 나에 대해 잘 알고 있다. A라는 방법으로는 암기가 잘 안돼서 B로 했더니 조금 효과가 있었다거나, 이번 시험은 망쳤지만 덕분에 더 효과적인 공부법으로 바꿨으니 차라리 잘됐다는 등, 시행착오의 구석구석을 다 알고 있다.

나보다 더 꼼꼼하게 나의 상태를 파악하고 분석하는 사람은 없다. 가족이나 친구보다 100배는 더 많은 시간 동안 나는 내 생각을 한다. 당연하다. 사람은 누구나 자기 자신이 가장 소중한 법이다. 그러므로 타인의 충고는 걸러서 들어야 한다. 내가 생각하는 핵심과 어긋나는 경우가 대부분이다. 그대로 받아들이고 따라 하다가는 그야말로 비효율적인 공부가 되고 만다. 진짜 내가 고개를 끄덕일 수 있는 충고만 받아들이면 된다.

평가도 마찬가지다. **자신의 평가가 가장 중요하다.** 자신의 노력과 결과의 인과관계를 완벽하게 설명할 수 있는 사람은 자기 자신뿐이다. 현재 맞이한 결과의 분명한 원인을 찾아낼 수 있는 것도 바로 자신이다. 그동안 이러이러한 노력을 해왔다고 아무리 자세히 설명해도 타인은 여러분의 노력을 100% 파악할 수 없다. 이를 알 수 있는 사람은 실제 노력으로 경험한 여러분 자신뿐이다.

◆ **공부 의욕을 높이는
세 가지 칭찬 포인트**

결국 자신의 평가가 가장 정확하고 중요하다. 그 평가를 공부의 동기로 바꾸려면 어떻게 해야 할까? 결론은 하루에도 몇 번씩 스스로 평가하고 칭찬하는 것이다. 칭찬하는 주요 포인트는 3가지가 있다.

① 평소 어려워했던 분야의 공부를 무사히 끝냈을 때
② 공부하지 않고 쉬고 싶은 유혹을 떨쳐냈을 때
③ 끝까지 고민해서 어려운 문제를 풀었을 때

위 세 가지를 항상 의식하고 있다가 성공하면 바로 그 순간에 칭찬하도록 하자.

"역시 난 대단해. 진짜 잘했다."

칭찬 포인트를 하나씩 자세히 살펴보자. 먼저 ①번은 어려워하는 분야의 공부를 모두 마쳤을 때다. 예를 들어 암기를 잘 못하는데 피하지 않고 더 열심히 외웠다면 스스로 크게 칭찬하자. 못하면 하기 싫으니까 미루게 되고 예정된 분량을 끝내지 못할 수 있다. 따라서 정해진 시간에 시작하는 것이 중요한데 시작하기가 힘들다. 막상 시작해도 다른 과목에 비하면 진도도 느리고 머리도 많이 쓴다. 그렇게 고생하면서 시간에 **맞춰 정해진 분량을 모두 해내는 것은 정말 대단한 일이다.** 누구나 쉽게 할 수 있는 일이 아니다. 그러므로 스스로 충분히 칭찬해야 한다.

칭찬 포인트 ②번은 쉬고 싶은 유혹을 떨쳐냈을 때다. 나는 지금도 여전히 집에 오면 쉬고 싶고 자기 전에는 스마트폰을 보면서 빈둥거리고 싶다. 그럴 때마다 유혹을 떨쳐내기 위해 나약한 나 자신과 한바탕 전투를 벌이고 공부를 시작하는데 그 순간에 스스로 칭찬한다. '오늘도 이겨냈다. 잘했어. 앞으로도 계속 이렇게 하는 거야' 하며 매일, 매번 그 순간마다 칭찬한다. 어떤 일을 꾸준히 계속할 수 있는 사람은 많지 않다. 누구나 쉬고 싶고 딴짓하고 싶은 순간이 하루에도 몇 번이나 온다. 처음에는 모두 이겨내기가 어렵다. 번번이 유혹에 넘어가던 사람이 한 번이라도 극복했을 때는 '잘했어. 이제 시작이야' 하며 스스로 충분히 칭찬해야 한다. 그다음 날도 도전해서 한 단계씩 발전하는 자신을 칭찬하고 계속 공부할 수 있도록 동기를 부여하자.

마지막 칭찬 포인트 ③번은 자신의 능력을 끝까지 쏟아부어 문제를 풀었을 때다. 세 가지 칭찬 포인트 중에서 가장 핵심이다. 손도 못 댈 정도로 문제가 어려워서 해설을 읽어보지만 무슨 소리인지 도통 알 수 없다. 참고서를 찾아 읽으며 어떻게든 마지막까지 이해하려고 애쓰면서 문제를 풀어낸다. 이렇게 **자신이 지닌 힘을 모두 쏟아부어 문제를 풀었을 때야말로 진정한 지적 성장이 이루어진다.**

모르는 내용에 대해 자기 나름대로 가설을 세우고 이해하려고 머리를 쓰는 것은 훌륭한 두뇌 훈련이다. 어려운 문제에 막히면 자신이 공부 요령이 없다고 실망하는 사람들도 있다. 몇 시간을 공부했는데 겨우 이것밖에 이해하지 못했다고 자신의 능력을 탓한다. 하지만 아니다. 실제 공부한 분량은 얼마 안 되어도 벽을 뛰어넘기 위해 두뇌는 필사적으로 땀 흘리며 일하고 있었을 것이다.

그 노력하는 자세와 지능의 성장을 기뻐해야 한다. 누구나 그렇게 힘들게 고생해서 머리를 쓰면 좋아진다는 사실은 알고 있다. 다만 그 과정이 너무 힘드니까 하지 않는 것이다. 따라서 잘 해결되지 않는 문제에 봉착했다면 남들과 차이를 벌리며 지능이 성장할 기회다. 그 기회를 놓치지 않은 자신을 칭찬하자.

'어려운 문제를 피하지 않았다. 최고의 성장 기회를 손에 쥔 난 정말 대단하다.'

◆ 남은 속여도
자신은 속이지 못한다

스스로 충분히 칭찬하자고 했지만 역시 칭찬은 남한테 받아야 좋다는 사람도 많다. 그런 사람은 **스스로 칭찬하는 일의 희소가치**를 알아주기를 바란다. 나는 스스로 어떻게, 또 얼마나 노력했는지 다 알고 있으므로 칭찬할 기회를 많이 찾아낼 수 있다. 그렇다고 칭찬하는 것이 쉽다는 이야기는 아니다. 남보다 오히려 마음에서 우러나서 칭찬하기는 어렵다. 왜냐하면 **스스로 본인이 얼마나 노력했는지도 알지만 동시에 대충한 부분도 다 알고 있기 때문이다.**

조금이라도 찔리는 구석이 있으면 진심으로 자신을 칭찬할 수 없다. 어제는 공부 시간을 조금 줄였다거나 어려운 문제는 해설을 쓱 읽기만 하고 넘기는 식으로 조금이라도 요령을 피웠다면 그 순간의 자신을 칭찬할 수 없을 것이다. 우리는 모두 스스로에 대해 지구상에서 가장 엄격한 평가자인 셈이다. 따라서 스스로 칭찬할 수 있다면 당당하게 자신감을 가지고 기뻐해도 된다.

> **핵심 요약**
> 오직 나 자신만이 스스로 100% 정확하게 평가할 수 있다. 자신의 평가를 동기로 바꾸려면 스스로 자주 또 많이 칭찬해야 한다. 남은 속여도 자신은 속이지 못한다. 매일 해야 할 일을 전력을 다해 완수하고 스스로 칭찬할 기회를 놓치지 말자.

공부가
진짜 하기 싫을 때는?

◆ ## 다음 기회를 대비해
지금은 컨디션을 조절한다

잠시 기분 전환을 해도 의욕이 생기지 않고 책을 펴도 글자
가 머릿속에 들어오지 않는다. 누구나 의욕이 생기지 않을 때
가 있다. 그럴 때는 어떻게 해야 할까? 도저히 공부가 안 된다
싶으면 우선은 컨디션 조절에 집중하자. 그리고 다음 공부에
서 평소보다 2배 더 집중할 수 있도록 하자. 그러면 오늘 공부
를 못해서 발생한 손실을 최소화할 수 있다. 자신이 가장 효

율적으로 공부할 수 있는 시간대를 특정하고 그때를 대비해 컨디션을 조절하는 것이다.

나의 경우는 아침에 일어난 직후가 가장 원활하게 공부를 시작할 수 있는 시간이다. 따라서 의욕이 없을 때는 아침 이른 시간 학습에 대비해서 전날 컨디션을 조절한다. **그때 가장 신경 쓸 것은 수면이다.** 푹 자고 난 다음 날 아침은 어제 공부를 못해서 답답했던 기분이 사라지고 다시 새롭게 공부에 집중할 수 있다. 그러므로 정말 공부하기 싫을 때는 숙면을 위해 준비한다. 우선 유산소 운동을 한 시간 이상 하면서 몸을 지치게 만들고 좋아하는 음식을 실컷 먹는다. 그리고 여유롭게 목욕한 다음 편안한 음악을 들으며 잠을 청한다. 이런 식으로 여느 때보다 일찍 또 질 좋은 수면을 취한다.

평소에는 6시간 정도 자지만 컨디션 조절을 위해 8시간이나 9시간 정도 잘 수 있도록 알람을 맞춰놓는다. 하지만 평소 습관 때문에 6시간 정도 자고 나면 저절로 눈이 떠진다. 어제 일찍 잠들었으므로 결국 평소보다 더 오랫동안 아침 공부를 할 수 있게 된다. 그러면 어제 하지 못했던 공부 시간을 만회할 수 있다.

도저히 공부에 집중할 수 없는 날은 과감하게 책을 접고 다

음 기회를 노리자. 다시 공부할 수 있을 때 집중력을 높이거나 그 시간대를 앞당길 수 있도록 조절하여 만회하면 된다.

◆ 힘든 일을 겪었을 때는 의식적으로 외면하고 잊어버리자

정신적으로 충격을 받거나 고민이 생겨서 아무것도 할 수 없을 때도 있다. 나 또한 여자 친구에게 차이거나 할머니, 할아버지가 돌아가신 날처럼 상심한 순간도 있다. 하지만 다음 날부터는 거의 평소처럼 공부에 매진할 수 있었다. 나만의 특수한 경우라고 생각할 수도 있겠지만 여러분에게도 도움이 될 방법을 안내하려 한다. 대처법의 핵심은 상심한 일을 빨리 잊도록 만드는 것이다.

힘들었던 기억을 잊지 못하고 질질 끄는 친구가 있었다. 여자 친구에게 차였을 때 일주일 아니 한 달이 지나도록 끙끙대면서 계속 같은 질문을 했다.

"도대체 왜 내가 싫어진 거지?"

혼자 있을 때도 계속 머릿속으로 그 생각만 하면서 답도 없는 질문을 묻고 또 물으며 힘든 기억을 떠올렸을 것이다. 그러고 있는데 어떻게 잊을 수 있겠는가? 물론 친구도 일부러 생각하고 싶어서가 아니라 멋대로 기억이 살아나는 것이다. 그렇다면 **뇌가 기억해 낼 틈을 주지 않으면 된다.**

기억력이 워낙 나쁜 나 역시도 싫거나 힘들었던 일은 잊어버리려고 노력한다. 우선 혼자 있는 시간을 되도록 만들지 않는다. 가족이나 친구와 이야기하면서 시간을 보낸다. 대화 내용도 해당 사건과 관계가 없는 것으로 한다.

어쩔 수 없이 혼자 있을 때는 그 사건으로 의식이 향하지 않도록 애쓴다. 예를 들면 힘든 운동을 해서 생각할 틈이 없도록 만든다. 지쳐 쓰러질 때까지 운동하고 바로 잠들어 버리면 그 생각을 하지 않게 된다. 몰두할 수 있는 취미가 있다면 그것을 열심히 하는 것도 좋다. 무엇을 하든 **그 생각을 떠올리지 않을 수 있는 시간을 의도적으로 만들고 계속 이어간다. 이럴 때는 무리하게 공부하지 않는 편이 좋다.** 공부할 때는 혼자인 경우가 많고 공부할 수 있을 정도로 두뇌가 움직이면 힘든 기억이 되살아나기 때문이다.

나는 하루 정도 통째로 힘든 시간을 떠올리지 않고 시간을 보내면 기억이 꽤 많이 흐릿해진다. 최대한 생각하지 않기 위해 노력하면서 정신적으로 회복하는 데 걸리는 시간을 단축해 보자.

> **핵심 요약**
> 도저히 공부할 마음이 안 생길 때는 공부하기 쉬운 시간대에 최고의 상태로 집중할 수 있도록 컨디션 조절에 모든 힘을 쏟는다. 힘든 일이 생겼을 때는 사람들과 이야기하거나 취미에 몰두하면서 그 생각을 잊기 위해 노력하자.

멘탈 바이오리듬에 맞춰
공부량 조절하기

◆ **공부 효율을 높이는
컨디션 주기를 파악하자**

오늘따라 왠지 공부가 내키지 않거나 집중이 안 되는 날도 있는가 하면 어떤 날은 컨디션이 좋아서 집중력이 최고조에 이를 때도 있다. 정신과 뇌의 활동 상태가 좋을 때와 나쁠 때가 주기적으로 반복되는 경험을 한 적이 있을 것이다. 이 주기를 '멘탈 바이오리듬'이라고 한다. 프로 스포츠 선수에게 신체 상태의 기복이 있듯이 뇌와 마음의 활동에도 상태가 좋

==을 때와 나쁠 때가 반복된다.==

나의 경우에는 상태가 좋은 시기가 보통 일주일 정도 지속되다가 이후에는 평소와 비슷하거나 조금 나빠진다. 일단 컨디션이 나빠지면 다시 일주일 정도 그대로 가다가 다시 원래 상태로 돌아온다. 평소 상태는 몇 달 동안 계속되기도 하고 일주일 만에 끝나기도 한다. 평균적으로는 한 달 정도 이어진다.

컨디션이 좋아지거나 나빠지는 이유는 정확히 알 수 없다. 평소처럼 공부하다가 유독 집중이 잘 되는 날에는 '오늘은 컨디션이 좋은 날이구나'라고 생각할 뿐이다. 특별히 의식하지 못하는 사람도 있겠지만 누구나 컨디션의 기복은 있다. 따라서 자신의 컨디션 주기를 파악하는 것이 중요하다. 집중력의 강도와 지속 시간, 그리고 아이디어가 잘 떠오르는 시기를 유심히 관찰하다 보면 컨디션 주기를 정확히 알 수 있다.

◆ ## 컨디션이 좋은 시기에
과도하게 질주하지 않도록 조절한다

컨디션이 좋을 때는 스스로 놀랄 만큼 공부 진도가 팍팍 나가기 때문에 계획보다 더 많이 더 오래 공부하게 된다. 물 들어올 때 노 젓자는 심정으로 계속하게 되는 것이다. 예전에는 나도 컨디션이 좋을 때는 욕심이 생겨서 쉬지 않고 계속 공부했다.

하지만 평소와 달리 무리하면 반드시 탈이 난다. 반동이 오기 마련이다. 컨디션이 좋은 시기는 생각보다 오래가지 않는다. 그 시기가 지나가면 의욕이 떨어지기 시작한다. 그리고 계획만큼 공부하지 못하는 시기가 길어져서 결국 컨디션이 좋을 때 미리 비축해 둔 공부의 저축량을 모두 토해낸다. 최악의 경우 컨디션이 나쁜 시기가 좀처럼 끝나지 않아 결국 계획보다 공부 진도가 밀리는 일도 있다. 그러므로 **컨디션이 좋다고 무리해서 지나치게 공부하지 않도록 유의하며 계획한 분량만큼만 잘 마무리하도록 한다.** 그리고 평소와 다름없이 휴식과 수면을 한다. 그렇게 하면 좋은 컨디션 뒤의 반동이 줄어들어 컨디션의 하락 시기가 늦어질 수 있다.

목표를 달성하기 위해 중요한 것은 계획대로 공부를 진행하는 것이다. 계획보다 진도가 늦어지거나 멈추지 않도록 주의해야 한다. 따라서 컨디션이 좋은 시기가 지난 뒤 생길 수 있는 부작용을 줄일 수 있도록 애쓰자.

내가 이 점을 절실히 느낀 것은 입사 1년 차에 적응 장애를 앓고 한 달 동안 휴직했을 때였다. 대졸 신입으로 컨설팅 회사에 입사해 최대한 빨리 성장해서 당당히 나만의 일을 하고 싶었다. 마침 그 무렵에 멘탈 바이오리듬이 좋아서 맹렬하게 장시간 노동을 했다. 하지만 컨디션이 좋은 시기가 끝나고 반동이 오자 급격하게 일하기가 힘들어지고 출근조차 괴로워졌다. 번아웃이 온 것이다. 결국 한 달 동안 휴직하고 다행히 복직은 했지만 다시 좋은 평가를 받을 때까지 꽤 오랜 시간과 고생이 필요했다.

이때 경험을 통해서 **좋은 시기가 지난 뒤의 반동을 줄이는 일이 무엇이든 지속 가능하게 하는 데 중요하다**는 사실을 배웠다. 업무뿐 아니라 공부도 마찬가지다. 컨디션이 좋을 때 주의할 점은 과도하게 질주하지 않도록 자신을 조절하는 것이다.

♦
침체기에도
무리하지 않고 회복에 집중한다

컨디션이 좋은 시기가 끝나고 침체기에 들어섰을 때는 되도록 그 기간을 빨리 끝내도록 한다. 그러기 위해 할 수 있는 일은 무리하지 않는 것이다. 참을성이 강한 사람일수록 컨디션이 안 좋아도 스스로 다그치면서 계획한 공부를 끝내려고 한다. 하지만 평소보다 집중력이 떨어지고 두뇌 회전도 잘 안 되어서 제대로 이해도 되지 않고 시간만 걸리니 점점 초조해진다. 그런 상태가 길어지면 정신적으로 피폐해지고 휴식 시간까지 짧아지기 때문에 충분히 컨디션을 회복할 수 없다. 당연히 다음 날은 상태가 더 나빠지지만 그래도 극복하려고 애쓰면서 더 지치게 되는 악순환에 빠진다. 그때는 평상시의 상태로 돌아오기가 무척 어렵다.

침체기에는 무리하지 말고 평소의 70~80% 정도만 공부한 뒤 더 오래 휴식하자. 평소 더 많이 노력하는 사람일수록 주의해야 하는데 오랫동안 쉬면 죄책감을 느끼기 쉬운 성격이기 때문이다. 그런 자세도 나쁜 컨디션이 길어지게 만드는 요인이 된다. 휴식하지 않으면 결과적으로 컨디션이 나쁜 상황이 길어지고 그만큼 더 오래 공부하지 못하게 된다. 상태가 나쁠 때는 과감하게 푹 쉬는 자신을 칭찬하자. '침체기를 빨리 끝내려고 조바심 내지 않고 과감히 쉴 수 있는 내가 대단해. 전략적으로 공부하는 태도를 지녔으니 장하다'라고 칭찬하자.

나는 컨디션이 좋지 않을 때는 최소한의 공부만 하고 남은 시간은 기분 전환을 하며 보낸다. 집 근처를 산책하거나 욕조 안에 앉아 목욕하면서 여행 프로그램을 보고 멍하니 시간을 보낸다. 여기서 핵심은 두뇌를 쓰지 않는 것이다. 그리고 일찍 잠자리에 들어 평소보다 오랜 시간 숙면한다. 정신과 마음을 쉴 수 있도록 하면 며칠 안에 평상시로 돌아갈 수 있다.

결국 장기적인 관점에서 공부하기에 최상의 상태는 너무 좋지도 너무 나쁘지도 않은 컨디션, 즉 평소와 같은 상태다. 보통 때는 조금만 더 열심히 하려고 마음먹으면 더 할 수 있고 열심히 하면 피곤해지므로 과로할 수 없다. 계획보다 늦어져서 메우려고 할 때도 평소보다 약간만 더 열심히 해서 며칠 동안 서서히 보강하는 편이 좋다. 매일 너무 빨리 달리지도 말고 넘어지는 일도 없이 꾸준히 걸어나가면 된다.

> **핵심
> 요약**
>
> 누구나 뇌와 마음의 컨디션이 좋을 때와 나쁠 때가 있다. 상태가 좋다고 지나치게 무리하지 말고 상태가 나쁠 때도 이를 벗어나려고 무리하지 않아야 한다. 최상의 상태는 평소와 같이 계획대로 꾸준히 오랫동안 공부를 계속할 수 있는 상태다.

전략 4

시간을 만들어내는
시간 관리의 기술

1분의 자투리 시간도 모이면 하루가 된다

공부의 성과는 방법이 같다면 '공부 시간×집중력', 즉 얼마나 오래 집중해서 공부했느냐로 결정된다. 공부 시간이 중요하다는 것은 잘 알지만 바쁜 현대 사회에서 시간을 확보하기란 정말 어렵다. 공부 외에도 할 일이 너무 많아서 정신 차리고 보면 어느새 잘 시간이다. 공부 시간을 확보하기 위해서는 무엇보다 열망이 있어야 한다. 1분 1초라도 공부할 시간을 놓치고 싶지 않다는 마음가짐이 제일 중요하다. 다시 말해 시간에 대한 강렬한 집착을 지녀야 한다. 언제 어디서든 자투리 시간을 찾아내서 놓치지 않고 공부하는 것이다.

이동하는 시간도
공부로 채운다

♦

자투리 시간에도 공부하자는 이야기를 많이 들어봤을 것이다. 그렇다면 자투리 시간을 어디까지 활용할 수 있을까? 자투리 시간 활용의 끝판왕을 살펴보자. 의지만 있다면 어떤 상황에서도 1분도 낭비하지 않고 공부할 수 있다. 상황에 맞추어 세 종류의 공부를 미리 준비해 두어야 한다.

① 손에 아무것도 없어도 할 수 있는 공부
② 선 채로 교재를 보며 할 수 있는 공부
③ 의자에 앉아서 교재와 노트를 펼쳐서 할 수 있는 공부

먼저 ①번은 빈손으로 할 수 있는 공부다. 주로 걸으면서 또는 전철 안에서 손에 아무것도 없을 때 한다. 예를 들어 전철역에서 집까지 걸어갈 때, 전철 안에서 외운 내용을 작은 목소리로 읊으며 걸어간다. 주변에 들릴까 봐 부끄럽다면 머릿속에서 복창하는 것도 좋다. 또는 문제를 하나 읽고 그 풀이를 집까지 걸어가면서 생각하는 것도 가능하다. 이런 식으

로 집에 가는 길에 공부하면 집에 와서도 학습 모드가 끊기지 않고 바로 공부할 수 있는 이점도 있다.

그다음 ②번은 선 채로 하는 공부, ③번은 앉아서 하는 공부다. 이미 실천하는 사람도 많으므로 간단히 살펴보자. ②번은 대표적으로 전철이나 버스 안에 서 있을 때다. 사람이 많아서 붐빌 때는 ①번처럼 할 수밖에 없지만 공간적인 여유가 있다면 책을 펴고 공부한다. 쓰기는 어려우므로 주로 암기 작업을 하는 편이 좋다. ③번은 주로 전철이나 버스에서 앉아서 가는 상황이다. 이때는 거의 집과 다름없이 공부할 수 있다. 교재와 노트를 모두 사용하는 공부, 예를 들어 문제집을 보면서 노트에 푸는 식의 공부도 한 손에는 펜을 쥐고 반대쪽 손으로는 교재를 들고, 무릎 위에 노트를 놓고 쓰면서 공부할 수 있다.

여기서 기억할 것은 ①번보다 ②번, ②번보다 ③번이 더 공부 효율이 좋다는 점이다. 당연히 머릿속으로만 생각하는 것보다 교재를 보거나 노트에 쓰는 편이 효과적이다. 따라서 공부하다가 상황이 바뀌면 더 효율적인 방법으로 공부해야 한다. 같은 전철이라도 처음에는 사람이 많으니까 ①번의 방식으로 공부하지만 조금 공간이 생기면 ②번 방식으로 공부한다. 그러다가 운 좋게 자리가 나서 앉은 다음에는 ③번처럼 공부하면 된다.

시간을 낭비하지 않으려면 공부 효율이 낮은 시간을 최대한 줄여야 한다. 예를 들어 급행열차는 목적지에 빨리 가기는 하지만 사람이 많아서 ①번의 공부밖에 할 수 없다. 반면 일반 열차는 상대적으로 여유 있게 앉아서 공부할 수 있다면 나는 망설이지 않고 일반 열차를 타겠다. **급행열차라면 30분, 일반 열차라면 1시간 걸리는 식으로 승차 시간이 크게 달라지더라도 급행열차에서 공부할 수 없다면 내가 타야 할 것은 일반 열차다.**

전철에서 공부하느니 빨리 집에 가서 공부하는 시간을 늘리는 편이 나을 수도 있다. 하지만 전철에서 앉아서 이동한다면 집에서 하는 공부와 효율 면에서 크게 다르지 않다. 오히려 전철에서 공부하는 편이 '목적지에 도착해서 내릴 때까지'라는 시한이 있는 만큼 집보다 더 집중이 잘되는 경우도 많다.

공부는 하기 싫지만 SKY는 가고 싶어

♦ 어디서든 바로 펼쳐 볼 수 있는 교재를 늘 소지하자

공부 시간을 1분도 낭비하지 않기 위해 항상 준비해 두는 일은 어렵다. 오랜만에 기분 전환하기 위해 혼자 외출하거나 친구와 놀 때만큼은 편히 쉬어도 좋다. 다만 이때도 우연히 시간이 빌 때가 있다면 공부 시간으로 활용해야 한다. 예를 들면 만나기로 한 친구가 약속에 늦어서, 또는 전철역에 도착해 타려는 전철을 기다려야 하는 시간 등이다.

30분 정도 시간이 비면 근처를 걸어다니면서 기분 전환을 할 수 있지만 10분 정도는 무엇을 하기에도 애매한 시간이라 그저 멍하니 기다릴 뿐이다. 그럴 때 바로 꺼내서 살펴볼 수 있는 교재가 있으면 어디서든 선 채로 공부할 수 있다. 무의미한 시간을 의미 있는 시간으로 바꿀 수 있는 것이다. 이때 교재는 쉽게 펼칠 수 있고 휴대하기 편한 작고 가벼운 것이 좋다. 문고판 사이즈의 영단어장 같은 책이 딱 좋다.

이렇게 공부하는 시간은 종일 다 합쳐도 30분 정도밖에 되지 않을지 모른다. 하지만 반대로 생각하면 30분이나 된다. 일주일에 30분이면 한 달이면 2시간이다. 집에서 2시간 동안 계속 공부하려면 꽤 노력이 필요하다.

쉬는 날에도 시간을 아끼기 위해 노력하기가 힘든 사람은 무리할 필요 없다. 기분 전환하며 재충전하는 일도 중요하다. 다만 한번 시도는 해보길 바란다. **친구를 기다리면서 10분만 하자고 생각하면 의외로 공부에 대한 저항감도 적고 집중도 잘된다.** 쉬는 날 잠깐이라도 공부해 두면 놀 때 더 해방감을 느끼면서 기분 좋게 시간을 보낼 수 있다. 또 한번 해보면 의외로 계속할 만하다고 느낄 것이다.

핵심 요약 버스나 전철을 타고 앉아서 이동할 때는 물론, 서 있을 때나 걸어갈 때도 공부할 수 있다. 만원 전철이나 자전거처럼 공부를 하기 어려운 대중교통은 되도록 피하자. 쉬는 날에도 잠깐씩 생기는 자투리 시간에 공부해 보자. 의외로 집중이 잘되고 시간을 알차게 보낼 수 있다.

공부는 하기 싫지만 SKY는 가고 싶어

일상 루틴도 철저히 계획하라

♦ ## 식사와 목욕, 양치질은 훌륭한 휴식 시간

식사와 목욕, 양치질은 누구나 매일 반드시 하는 행위다. 이처럼 일상에서 반복적이고 단순한 행동은 우리 뇌에 굉장히 좋은 휴식이 된다. 경험상 뇌가 쉬기 위해서는 아무런 자극이 없는 것보다는 약간의 자극이 필요하다. 복잡한 생각을 하면 당연히 피로하지만 아무런 생각도 안 하면 자극이 너무 없어 머리가 멍해진다. 그러므로 일상의 루틴은 뇌를 쉬게 하는 좋은 수단이다.

예를 들면 양치질하면서 그저 습관적으로 손을 움직이는 것이 아니라 '윗니가 끝나면 다음은 아랫니를 닦아야지' 하는 식으로 뇌에 약간의 자극을 주는 것이다. 같은 10분이라도 스마트폰으로 뉴스와 동영상을 보거나 게임을 하면 뇌에 너무 많은 자극을 주어서 제대로 쉴 수가 없다.

일상 루틴의 또 다른 이점은 짧은 시간 안에 끝난다는 것이다. 식사는 30분 정도, 양치질은 꼼꼼히 해도 15분이면 끝난다. 동영상이나 게임처럼 질질 끌면서 계속되는 일은 거의 없다. 또한 일상에서 반복되는 행위는 한 번씩 장소를 바꾸면서 하는 것도 좋은 자극이 된다. 방에서 거실로, 또는 욕실로 장소가 바뀌면 그것만으로도 기분 전환이 된다.

1분 1초도 놓치지 않고 공부해야 하는데 일상 루틴을 할 때도 머릿속으로 공부를 떠올리지 않아도 될지 의문이 들 수 있다. 물론 일상 루틴 중에도 공부 생각만 하고 싶지만 그렇게 하면 바로 직전의 행동을 기억할 수 없다. 예를 들면 이를 닦다가 다른 생각을 하게 되면 어디까지 이를 닦았는지 기억하지 못해서 계속 이를 닦아야 한다. 물론 다른 작업을 하면서 암기도 할 수 있는 소위 멀티태스킹이 가능한 사람들은 시도해도 좋다. 하지만 생활 루틴은 뇌를 쉬게 하는 효과가 뛰어나므로 최대한 휴식 시간으로 삼기를 권한다.

생활 루틴 사이에 반드시 학습을 끼워 넣는다

생활 루틴을 효과적인 휴식 시간으로 활용하기 위해 중요한 점은 **연속해서 하지 않는다**는 것이다. 흔히 밥을 먹은 다음 바로 목욕하는데 휴식이라는 면에서 보면 아까운 일이다. 식사, 목욕, 양치질은 본래 세 번의 휴식이 될 수 있는데 바로 목욕을 하면 식사+목욕, 양치질처럼 휴식 시간을 두 번으로 줄이게 된다. 집중이란 보통 몇 시간씩 지속되는 것이 아니다. 따라서 휴식 시간이 정해져 있다면 나눠서 쉬는 편이 효율적으로 공부하는 길이다. 2시간 공부하고 20분 쉬는 것보다 1시간 공부하고 10분 휴식하는 편이 집중력도 높게 유지된다.

또한 생활 루틴이 끝난 다음 공부하지 않고 바로 자는 일도 피하자. 양치질 후 바로 자면 양치하면서 휴식한 뇌가 집중력을 회복했는데 그냥 자버리는 셈이다. 양치질 후에 조금 더 공부하고 자는 편이 효율을 따졌을 때 더 좋다. 이렇듯 일상 속 필수적인 생활 루틴을 고려하여 공부 순서를 계획하면 다음과 같다.

귀가 후 공부한다 → 밥을 먹은 후 다시 공부한다 → 목욕을 한 후 다시 공부한다 → 이를 닦고 공부하고 잔다

이처럼 **생활 루틴과 취침 사이에 공부를 끼워 넣자.** 따로 휴식 시간을 두지 않아도 높은 집중력을 유지하면서 공부 시간을 더 많이 확보할 수 있다.

◆ ## 사소한 용무도 휴식 시간으로 활용하자

생활하다 보면 일상적인 루틴은 아니지만 병원 진료나 간단한 쇼핑처럼 소소하게 해야 할 일이 생긴다. 급한 일이 아니라면 그런 **간단한 작업도 뇌를 쉬게 만드는 좋은 휴식 시간이 될 수 있으므로 적절한 시기에 하면 좋다.** 대개 이런 일들

은 공부를 시작하고 1시간에서 1시간 반 정도가 지날 때 하는 것이 가장 좋은데 그때쯤 집중력이 떨어지기 시작하기 때문이다. 이를 통해 사소한 용무를 보는 시간을 유용한 휴식 시간으로 만들 수 있다.

다만 공부하다 보면 그날의 해야 할 일을 잊어버릴 수도 있다. 그래서 나는 **1시간 정도 공부하면 끝날 페이지에 그날 공부 외에 해야 할 내용을 미리 적어놓는다.** 그렇게 하면 마음 놓고 공부에 집중하다가 그 페이지를 보고 할 일을 기억해 낼 수 있다. 꽤 사소한 작업도 휴식 시간으로 효과적으로 활용하기 위해서 교재의 각 페이지에 그날 해야 할 업무를 자세하게 적어놓곤 했다. '우편함 확인하기', '필통 정리하기', '테이블 닦기' 등이다. 대학 입시가 끝난 다음 친구에게 참고서를 물려주었는데 친구는 메모가 너무 자세해서 놀랐다고 했다. 참고서를 보면 매일 어떤 생활을 했는지 짐작할 수 있었다고 말할 정도였다.

생활 속의 용무도 한꺼번에 전부 해결하지 않는다. 그날 해야 할 일들 사이 사이에 공부를 끼워 넣어서 공부 시간을 적절히 구분 짓는 것이 잡무를 훌륭한 휴식 시간으로 바꾸고 집중해서 공부를 계속하는 요령이다.

휴식만을 위한
시간은 필요하지 않다

지금까지 살펴보았듯이 다양한 일을 하면서 휴식할 기회는 하루에도 몇 차례나 있다. 결국 온전히 휴식만을 위한 시간은 필요 없다. 식사, 목욕, 양치질과 같은 생활 루틴 외에도 청소나 설거지, 쓰레기 버리기와 같은 잡무까지 모두 휴식 시간으로 활용하자. 또 이를 공부하는 중간중간에 적절한 시기에 배치하여 효과적으로 실행하자.

이렇게 휴식 시간을 절약하는 효과는 상당히 크다. 매일 30분씩 온전히 쉬는 사람은 일주일이면 3시간, 한 달이면 15시간을 휴식 시간으로 쓰는 셈이다. 그 시간을 모두 공부 시간으로 돌린다면 경쟁자와 큰 차이를 벌릴 수 있다. 〈전략 4〉의 시작 부분에서 이야기한 대로 실력은 공부 시간×집중력에 크게 영향을 받는다. 공부 시간을 따로 내기 어려운 사회인이라면 더더욱 짧은 시간이라도 공부 시간을 축적하는 것이 승부의 갈림길이 된다.

공부는 하기 싫지만 SKY는 가고 싶어

**핵심
요약**

식사, 목욕, 양치질과 같은 매일의 루틴 행동은 단순한 작업이므로 뇌를 쉬게 하는 훌륭한 휴식 시간이다. 이들 휴식 시간을 의미 있게 활용할 수 있도록 실행 타이밍을 조절하자. 간단한 집안일이나 볼일도 휴식 시간으로 활용하면 따로 휴식 시간은 필요 없어지므로 시간이 절약된다.

다른 일이 바빠서
공부할 수 없을 때의 대처법

✦ ## 단 10분이라도
매일 공부하자

학생 신분일 때는 학교나 학원을 다니는 것만으로도 하루의 대부분이 공부 시간으로 채워진다. 하지만 직장 생활을 하다 보면 업무가 바빠서 집에서 도저히 공부할 시간을 내기 어렵다. 자투리 시간에도 회사 일로 머릿속이 복잡해서 공부할 여유가 없을 때도 있다. 그런 경우에는 어떻게 대처해야 할까?

공부는 하기 싫지만 SKY는 가고 싶어

먼저 진솔하게 생각해 보자. 정말 단 10분도 공부에 시간을 쏟기가 어려울까? 사실 하루에 10분도 시간을 낼 수 없는 상황은 내 인생에서는 지금까지 없었다. **어떻게든 10분은 만들 수 있다.** 심지어 요즘은 시간을 아낄 수 있는 서비스가 많다. 급할 때 택시를 이용하면 대중교통보다 이동 시간을 줄일 수 있고 이동하는 차 안에서 공부할 수 있는 이점도 있다. 심지어 심부름을 대신 해주는 서비스도 있다. 각자 경제적 여건에 맞게 다양한 서비스를 활용해서 매일의 잡무를 대신하게 하고 공부 시간을 만들 수 있다.

경제적으로 서비스를 이용하기 어렵고 자투리 시간까지 다른 일로 바빠서 공부 시간을 만들 수 없다면 결국 수면 시간을 줄이는 수밖에 없다. 신체적으로도 힘들지만 10분 정도라면 다음 날 학업에 지장은 없을 것이다. 마음을 다잡고 어떻게든 10분을 만들어서 매일 공부를 계속해 보자.

10분짜리 공부지만 세 가지 역할이 있다. 가장 중요한 것은 **공부하겠다는 마음을 끊기지 않게 하는 역할**이다. 다른 일로 바쁜 시기가 한 달 이상 이어져서 그동안 거의 공부를 못하게 되면 자기도 모르게 공부에서 마음이 떠나버린다. 그리고 나서 나중에 다시 시작하려고 하면 꽤 많은 에너지가 필요하다. 최악의 경우 공부에 대한 의욕이 완전히 사라져서 목표를 포기할 위험도 있다. 그러므로 매일 10분이라도 계속 공부하면서 목표를 달성하고 싶다는 마음을 유지한다. 시간이 없어서 마음대로 공부할 수 없는 역경에 지지 않고 매일 10분이라도 노력하는 자신을 칭찬하며 공부에 대한 열정을 이어나가자. 이것이 10분짜리 공부의 첫 번째 역할이다.

두 번째 역할은 그때까지 공부해서 쌓아 올린 학습 기억을 유지하는 것이다. 공부하지 않는 상태로 한 달 이상 지나버리면 기존의 학습 내용은 대부분 흐릿해지거나 완전히 잊어버릴 수도 있다. 반면 매일 10분이라도 공부하면 신기하게도 학습 분량이 그렇게 많지 않아도 기억의 손실을 상당히 막을 수 있다. 새로운 범위를 나갈 때 그 내용을 이해하기 위해서 기존에 학습한 내용을 무의식적으로 꺼내서 활용하기 때문이다.

'기억 유지가 목적이라면 매일 10분 동안 기존의 학습 범위를 반복하기만 하면 되지 않을까?' 하고 생각할 수 있다. 이론상으로는 맞지만 실제 복습만 하면 지겹기도 하고 또 잊어버린 내용만 눈에 띄어서 동기를 유지하기 힘들다. 따라서 새로운 범위의 진도를 나가면서 그 안에서 자신이 약한 부분을 복습하는 것이 바람직하다. 매일 복습만 해도 하루 10분으로

공부는 하기 싫지만 SKY는 가고 싶어

는 어차피 기억이 흐려지는 것을 막을 수 없다. 따라서 그 부분은 깨끗하게 포기하고 학습 동기를 유지하면서 잊어버리는 속도를 늦추는 것이 10분짜리 공부의 두 번째 역할이다.

마지막 세 번째 역할은 **습관의 유지**다. 집에 온 다음 바로 책상에 앉아 공부한다거나 전철에 타면 바로 책을 펼친다거나 또 아침에 일어나자마자 **공부하는 습관은 인생의 보물과 같다.** 공부하는 습관을 들이면 인생 전체를 살아가는 데 큰 무기가 된다. 이런 습관은 익히기는 어렵지만 일단 그만두면 또 쉽게 사라져 버린다. 한번 없어진 습관을 다시 만들려면 큰 고생이 뒤따른다. 그러므로 한번 몸에 익힌 습관을 잘 유지하는 일이 중요하다.

10분 안에 할 수 있는 일은 많지 않다. 지금 자신의 공부 습관 중에 절대 버리고 싶지 않은 것을 하나 골라서 계속해 보자. 가장 중요한 습관을 유지할 수 있다면 바쁜 시기가 끝난 다음 그 습관을 바탕으로 다른 습관도 매일 반복하기 쉬워진다.

◆ **매일 조금이라도
공부를 계속하는 일의 중요성**

컨설팅 회사에서 일하던 시절, 몇 번인가 바쁜 시기가 있었다. 매일 9시에 출근해서 밤 12시까지 일하다가 귀가하는 전철 안에서도 업무 자료 작성을 고민하는 생활이었다. 도저히 공부할 시간을 내기 어려웠다. 하지만 전부터 매일 1시간씩 하던 영어 공부를 바빠진 뒤에도 아침마다 10~15분은 계속했다. 내 영어 공부법은 미국 영화를 보면서 그 대사를 외우는 것이어서 아침에 일어나면 바로 영화 DVD를 봤다. 등장인물의 대사를 한 줄 한 줄 완전히 이해하면서 공부했는데 모르는 단어가 나오거나 문장의 구조가 이해되지 않으면 그때그때 멈추고 사전이나 문법서를 찾아보았다.

매일 15분 남짓한 시간 동안 공부할 수 있는 분량은 정해져 있었다. 대사를 단 세 줄밖에 외우지 못한 날도 많았다. 그럼에도 **조금씩이라도 매일 꾸준히 하면 지금까지 외운 것을 잊어버리지 않는다는 확신을 얻을 수 있었고 오히려 조금씩 축적되는 느낌이었다.** 새로운 대사라도 지금까지 외운 단어와 문법도 당연히 나오므로 새로운 내용의 공부가 동시에 기존 학습의 복습이었다. 이처럼 바쁜 시기라도 어떻게든 영어 학습을 계속했다.

또한 그 시기에 프로그래밍 공부도 했는데 시작한 지 얼마

공부는 하기 싫지만 SKY는 가고 싶어

되지 않아 일이 너무 바빠져서 한 달 정도 손도 대지 못했다. 여유가 생긴 뒤 다시 시작하려고 공부하던 참고서를 펼쳤는데 정말 놀랐다. 어디까지 했는지도 기억이 안 날 정도로 그때까지 공부한 지식은 까맣게 잊어버린 것이다. **그래도 몇 달이나 고생하면서 공부했는데 헛수고한 느낌**이었지만 다시 처음부터 시작하는 수밖에 없었다. 그때 경험을 통해 **매일 조금이라도 좋으니 계속 공부하는 일의 중요성**을 배웠다. 그 후로는 아무리 바빠도 반드시 매일 10분은 공부하기로 결심하고 실천하면서 마침내 프로그래밍 자격증을 취득했다.

♦
공부 계획은
바쁜 시기가 지나고 다시 세운다

바쁜 시기에 어쩔 수 없이 10분짜리 공부를 할 때 또 하나 주의할 점이 있다. 이미 세운 공부 계획은 신경 쓰지 말자. 계획보다 늦어지는 것은 피할 수 없는 일이다. 매일 얼마나 늦어졌는지 신경 쓰면 초조해져서 의욕만 떨어진다. **공부 계획은 상황이 안정된 다음에 다시 세우면 된다.** 당장은 매일 최소한 10분이라도 공부하는 것에 의식도 체력도 집중한다.

바쁜 시기를 잘 극복한 뒤 계획을 다시 세울 때 흔히 저지르는 실수가 있다. 잃어버린 공부 시간을 되돌리려고 자신의 한계치까지 계획을 세우는 것이다. 이런 계획은 대개 실패하기 마련이다. 도중에 힘들어서 좌절하거나 다시 예상치 못하게 잠깐이라도 바빠지면 전체 계획이 엉망이 된다. 잃어버린 시간은 되돌릴 수 없다. 깨끗이 단념하고 **바빴던 시기만큼 계획을 뒤로 미루는 것이 좋다.**

시험 날이 얼마 안 남았다면 공부 범위를 줄이자. 평소 하루에 끝내던 분량만큼 공부해서 완료할 수 있도록 줄이면 된다. 바쁘기 전에도 나름대로 열심히 공부했을 것이다. 기한이 다가왔다고 해서 그 이상 공부 시간을 늘리면 작은 일에도 계획이 쉽사리 무너져 버린다.

핵심요약 다른 일로 너무 바빠서 공부를 거의 못 하는 시기라도 매일 최소 10분의 공부 시간은 확보하자. 10분의 공부가 학습 동기를 유지하며 공부했던 내용을 기억하게 하고, 공부 습관을 이어가는 역할을 한다. 이를 바탕으로 다시 바쁜 상황이 지나고 공부에 몰입할 수 있는 시기가 되면 원활하게 다시 공부를 시작할 수 있다.

완전한 몰입 상태로
빠져드는 법

공부에 깊이 몰입하는 경지에 이르다

공부의 성과는 공부 시간×집중력에 크게 영향받는다. 이번에는 여기서 집중력에 대해 더 자세히 살펴보자. 집중력은 사람에 따라 천차만별이라서 같은 시간을 공부해도 효율이 2배나 3배 또는 그 이상도 차이가 날 수 있다. 똑같이 8시간을 공부했더라도 집중력이 낮은 사람은 실제로 뇌가 최고조로 활동한 순 공부 시간이 2시간 채 안 될 수도 있다. 반면 집중력이 높은 사람은 공부하는 내내 몰입하므로 순 공부 시간이 8시간이 된다. 결국 두 사람의 공부 효율은 4배나 차이 나는 것이다. 이처럼 같은 시간을 공부해도 집중력에 따라 결과가 극

공부는 하기 싫지만 SKY는 가고 싶어

단적으로 달라지므로 공부하는 동안 최대한 집중력을 높이고
유지할 수 있어야 한다. 지금부터 그 방법을 알아보자.

◆ 공부에 불필요한 감각이 사라지는
진정한 집중의 경지

우선 목표로 하는 '고도의 집중 상태'가 어떤 것인지 알아
보자. 고도의 집중 상태가 되면 우선 주변의 소리가 들리지
않는다. 정확히 말하면 들리기는 하지만 눈앞의 공부 내용 이
외에는 뇌 속에서 바로바로 불필요한 정보로 처리되어 기억
에 남지 않는다. 이때는 누가 불러도 알아차리지 못한다.

또한 잡념이 일절 생기지 않는다. 집중이 안 된 상태에서는
공부와 상관없는 생각들이 불쑥불쑥 튀어나온다. '아까 그 동
영상 재미있었는데…', '오늘 저녁 메뉴는 뭐지?' 이런 쓸데없
는 생각들이 나도 모르게 떠올라 집중을 방해한다. 하지만 극
도로 집중한 상태에서는 잡념이 완전히 사라지고 눈앞의 공
부 내용 이외에는 머릿속에 들어오지 않는다.

신체 감각도 필요한 부분 이외에는 느껴지지 않는다. 공부

할 때는 필기하고 책장을 넘기기 위한 손, 그리고 책을 보기 위한 시각만 있으면 된다. 몰입하면 그 이외의 감각은 모두 사라져서 마치 존재하지 않는 느낌이 든다. 신체의 모든 감각이 공부에 필요한 기능에만 집약되는 것이다.

스포츠 선수들도 이처럼 고도의 집중 상태에 이르러 자신의 잠재력을 100% 발휘하게 되는 때가 있는데, 이를 '존(zone)에 들어간다'라고 표현한다. 이와 마찬가지로 집중해서 공부할 때도 '존에 들어가는' 경험을 할 수 있다. 의식적으로 고도의 몰입 상태에 이르는 방법을 알아보자.

♦ ## 공부에 집중하는 환경을 만드는 세 가지

먼저 집중할 수 있는 환경을 마련하자. 이때 주의해야 할 부분은 소리와 색, 그리고 의자다. 집중력에 가장 크게 영향을 미치는 요소는 소리다. 내 경험상 **조용한 환경 음악**이 가장 좋다. 환경 음악이란 주변에서 자연스럽게 발생하는 소리로 흔히 '백색소음'이라고 한다. 창문을 열었을 때 들리는 자동차 소리나 멀리서 노는 아이들 소리, 또는 참새가 우는 소리가 서로 뒤섞이면 신기하게도 신경에 거슬리지 않는다. 오히려 무음 상태에서는 아주 작은 소리도 귀에 잘 들어오기 때문에 어느 정도의 백색소음이 있는 편이 일에 집중하는 데 도움 된다. 다만 방해가 될 정도로 큰 소리가 난다면 원인을 제거해야 한다. 옛날에 큰 길가에 있는 아파트에 산 적이 있었는데 대형트럭이 밤낮으로 집 앞 신호등에서 정차하곤 했다. 그 브레이크 소리가 너무 거슬려서 서둘러 이사했던 기억이 있다.

소리에 관해서 또 하나 기억할 것이 있다. **음악을 들으면서는 고도의 집중 상태에 이를 수 없다는 사실이다.** 모든 신경을 공부에 집중하려면 음악을 들으면 안 된다. 물론 공부하다가 피곤하거나 지루할 때 음악이 얼마간 도움이 되는 것도 사실이다. 하지만 100% 공부에 몰입할 수는 없다. '음악을 들으면 오히려 더 집중이 잘 된다'라는 사람도 있지만 사실은 평소보다 살짝 더 집중할 수 있을 뿐이다. 그래도 공부에 도움이 되지 않느냐고 반론하겠지만 존에 들어간 상태, 즉 고도의 집중력을 필요한 만큼 지속할 수 있는 상태와는 비교가 되지 않는다. 음악을 들으면 고도의 집중 상태가 될 기회를 버리는 셈이다. 의욕이 떨어질 때 음악을 들으면서 공부를 시작하는 것은 괜찮다. 하지만 일단 시작하면 음악을 끄고 공부에 집중한다.

다음은 색이다. 특정 색이 집중하기에 좋다기보다 **시야에서 자극이 되는 색을 없애야 한다.** 공책은 흰색, 글자는 검은색, 필통도 검은색인데 그곳에 빨간색 지우개가 있다면 어떨까? 주의가 그쪽으로 쏠리고 만다. 이 경우 지우개는 검은색으로 바꿔야 한다. 나는 공부할 때 시야에 들어오는 색상을 흰색과 검은색, 그리고 갈색으로 한정하고 있다.

책상에 참고서를 여러 권 늘어놓는 것도 바람직하지 않다. 참고서 표지는 파란색이나 노란색처럼 눈에 띄는 색이 많아서 시야에 들어오면 집중력이 흐트러진다. 지금 공부하는 참고서 이외에는 책장에 꽂아두거나 서랍에 넣는 등 보이지 않는 곳에 치워둔다. 공부할 때 눈에 들어오는 색상을 어느 정도 통일시켜서 신경을 빼앗기지 않도록 한다.

마지막으로 의자다. 의자의 중요성은 설명이 필요 없을 정도로 다들 잘 알고 있을 것이다. **공부에 장시간 집중하려면 쉽게 피로해지지 않는 자세를 유지할 수 있어야 한다.** 공부 자세에 맞지 않는 의자를 사용하면 허리에 부담이 가서 신경이 그쪽으로 쏠린다. 의자의 중요성은 많은 사람이 공감하지만 제대로 된 좋은 의자를 사용하는 사람은 많지 않다. 거실에서 식탁용 의자에 앉아 공부하는 경우도 많은데 장시간 공부하면 피로해지기 쉽다. 카페 의자도 마찬가지다. 공부할 때는 상체가 약간 앞으로 구부러지는데 그 자세를 장시간 유지하기에는 부적절하다. 어쩌다 한두 시간 정도면 큰 지장은 없지만 장시간 고도의 집중을 유지하면서 공부하고 싶다면 제대로 된 책상과 의자를 갖춘 장소가 바람직하다.

◆ 최고의 컨디션을 유지할 세 가지 요소를 관리한다

최고의 환경을 갖추었다면 이제 나 자신을 최고로 집중할 수 있는 상태로 정비한다. 핵심은 수면 시간과 공복 상태, 그리고 정신이다.

먼저 수면 시간을 살펴보자. 사람마다 최적의 수면 시간이 다르고 또 연령에 따라 변하기 때문에 현재 자신에게 가장 알맞은 수면 시간을 찾아서 충분히 자야 한다. 수면은 '사재기'

가 불가능하다. 앞으로 바빠서 제대로 못 잘 거라고 미리 자 둘 수는 없다. 할 수 있는 것은 그동안 쌓인 수면 부족을 나중에 보충하는 것뿐이다.

수험생은 수면 부족에 시달리는 경우가 많다. 그럴 때는 다음 날 집중해서 공부하기 위해 최대한 수면 시간을 늘려야 한다. 이때 주의할 점은 **다음 날 늦게 일어나는 것이 아니라 전날 일찍 자야 한다는 것이다.** 일어나는 시간이 늦어지면, 즉 늦게까지 자면 그날 밤에 잠이 안 올 가능성이 크다. 그러면 다음 날 또 피로가 풀리지 않는 악순환으로 이어지기 때문에 전날 잠을 제대로 못 잤다면 평소보다 일찍 잠자리에 든다. 나는 보통 때보다 길게 유산소 운동을 하고 천천히 목욕을 즐긴다. 그렇게 하면 몸의 긴장이 풀려 일찍 잠들 수 있고 다음 날 평소와 같은 시간에 눈을 뜰 수 있다.

낮 시간대에 공부하다 보면 졸릴 때가 있다. 그럴 때는 망설이지 않고 낮잠을 잔다. 졸려서 두뇌 활동이 둔해졌다고 느끼면 20분 정도 침대에 누워서 잠깐 눈을 붙인다. 침대에 누울 수 없는 상황이라면 앉은 채로 잠을 청한다. 잠깐이라도 자고 나면 머리가 맑아지고 또다시 몇 시간은 높은 집중력을 유지하면서 공부할 수 있다. 20분을 투자해서 몇 시간의 집중력을 확보할 수 있으므로 낮잠은 굉장히 가성비 좋은 시간 투자다.

두 번째는 공복 상태다. 배가 고프면 신경 쓰여서 공부에 집중할 수 없다. 또 뇌로 포도당을 공급하지 못하므로 뇌의 활동도 둔해진다. 너무 배부른 상태도 좋지 않다. 배가 부르면 집중을 방해한다. **가장 좋은 상태는 배가 고프지도 않고 부르지도 않은 적당한 정도다.** 나는 공부할 때는 늘 그 상태를 유지하도록 식사를 조절한다. 조금이라도 배가 고픈 것 같으면 쌀이나 김 같은 간식을 조금 먹는다.

마지막은 정신이다. 집중력을 높이려면 정신을 정리해야 한다. 즉 불안을 마음에서 떼어놓아야 한다. 일과 인간관계, 또는 공부에 대한 막연한 불안감 때문에 집중하기가 어려울 때가 있다. 그럴 때 나는 **머릿속에 있는 불안을 전부 종이에 쓴다. 그리고 한 가지씩 해결책을 고민하고 다시 적는다.** 단기간에 해결하기 어려운 불안이라면 지금 할 수 있는 최선이 무엇인지 고민하고 쓴다. 이렇게 하면 모든 불안에 대처할 방법이 있다는 사실을 깨닫고 마음이 놓인다. 또 종이에 써놓았으므로 공부하다가 잊어버려도 나중에 확인할 수 있으니 안심이다. 그러니 마음속의 불안은 지금 당장 종이 위로 옮겨 보자.

존에 들어가기 전의
루틴을 정하자

최고의 환경을 정비하고 최상의 컨디션이어도 온전히 집중하기 어려울 때가 많다. 이때 필요한 것이 루틴이다. **고도의 집중 상태에 들어가기 전에 매번 같은 생각과 동작을 하는 것이다.** 나는 '집중하자'라고 머릿속으로 외치고 3번 천천히 심호흡하며 마음을 비운다. 그렇게 평온한 상태가 되면 고도의 집중 상태로 미끄러지듯 옮겨가는 경우가 많다.

집중하기 전의 루틴 행동은 스포츠 선수 사이에서도 널리 퍼져 있다. 메이저 리거였던 스즈키 이치로(鈴木一郎) 선수는 타석에 들어가기 전에 골프와 비슷한 스윙을 크게 한 다음 어깨를 빙글빙글 돌리고 목을 좌우로 조금씩 돌린다. 그런 다음 몸을 구부려서 야구 배트를 오른쪽 발에 탁하고 가볍게 친다. 그 후에도 일련의 동작을 한 다음 타석에 들어가서 배트를 투수 쪽으로 세우고 투수를 노려본다. 투수 겸 타자로 메이저 리그에서 대활약 중인 오타니 쇼헤이(小谷將兵) 선수도 타석에 들어갈 때까지 자기만의 루틴이 있다고 알려져 있다.

루틴의 방식은 무엇이든 괜찮다. 연필로 '집중하자'라고

3번 쓰는 것도 좋다. 중요한 것은 집중하기 전에 매번 빠짐없이 같은 동작을 하는 것이다. 그래서 자신의 몸이 조건반사적으로 몰입의 경지에 진입하도록 만든다.

> **핵심 요약**
>
> 고도의 집중 상태는 지금 공부하는 것 이외는 머릿속에 들어오지 않는 상태다. 고도의 집중 상태가 되려면 소리와 색깔, 의자에 세심하게 신경을 쓰고 수면과 공복 상태, 정신을 확실히 관리해야 한다. 그리고 집중 상태에 들어가기 전 자신만의 루틴을 만들어 실행하는 습관을 지니면 더 쉽게 몰입에 이를 수 있다.

아침은 집중력의
마법이 시작되는 시간

♦ ## 아침은 하루 중에
가장 공부하기 좋은 시간

흔히 아침은 몸과 마음의 상태가 가장 좋을 때다. 물론 전날 충분히 잤다는 전제가 있을 때의 이야기다. 충분히 자고 난 직후이므로 졸리지 않고 체력도 충분하며 정신도 맑다. 이때 뇌에 포도당을 공급해 주는 탄수화물까지 가볍게 먹어주면 공부 준비는 완벽하다.

나는 평소에 날이 밝기 전부터 일어나서 공부하는데 그때

공부는 하기 싫지만 SKY는 가고 싶어

마다 '이 시간에 일어나서 공부하는 사람은 별로 없을 거야. 나 정말 열심히 산다'라고 생각하면 자존감도 올라가고 집중력 향상은 물론 동기부여도 된다. 한참 공부하다 보면 아침 해가 올라오면서 서서히 바깥이 밝아진다. 신기하게도 세상이 밝아지면 내 기분도 덩달아 좋아져서 아침 식사 때까지 집중해서 공부할 수 있다. 또 애써서 아침에 일찍 일어났으니 귀중한 시간을 알차게 쓰고 싶다는 생각 때문에 동영상이나 SNS와 같은 유혹에 빠질 가능성도 줄어든다.

가장 집중할 수 있는 환경이 마련되는 것도 아침 시간

이른 아침 시간은 최상의 컨디션으로 무장한 자신을 100% 활용하기에 최고의 환경이다. 우선 기본적으로 조용하다. 그 시간대에 활동하는 사람이 적으므로 생활 소음도 거의 없다. 정적 속에서 이따금 새 소리와 바람 소리가 적당히 섞여 더 집중하기 좋은 백색소음을 만들어낸다.

또한 누구에게 연락 올 일도 거의 없다. 저녁 시간에는 언제 중요한 업무 연락이 올지 몰라서 정기적으로 메신저와 메일을 확인한다. 이것이 공부에 집중하는 데 꽤 방해 요소가 된다. 하지만 이른 아침에는 아무도 연락하지 않으므로 확인할 필요가 없다. 만약 연락이 왔어도 자고 있었다고 하면 그만이다. 또 급한 일로 집중이 끊기는 일도 없다. 택배가 오거나 가족이 집안일을 도와달라고 하지도 않는다. 아무런 방해도 받지 않고 오롯이 공부에 몰두할 수 있다.

공부할 수 있는 시간이 정해져 있는 것도 집중력을 높이는 요인이다. 밤에는 재량껏 늦게까지 공부할 수도 있지만 아침에는 등교하거나 출근해야 하므로 끝내야 할 시간이 정해져 있다. 끝이 보이면 사람은 더 열심히 하기 마련이다.

♦
무리하지 않고
빨리 기상하는 방법

이른 아침 시간은 집중력을 발휘하는 데 이점이 많지만 일단 일찍 일어나지 못하면 아무런 소용이 없다. 결국 '일찍 일어나는 것'이 문제다. 아침에 일찍 기상하는 습관을 만드는

공부는 하기 싫지만 SKY는 가고 싶어

방법을 살펴보자.

기상 시간을 급하게 바꾸기는 힘들다. 매일 아침 7시에 일어나다가 당장 내일부터 새벽 4시에 일어나려고 하면 대부분 실패한다. 30분씩 단계적으로 앞당겨보자. 이때 중요한 점은 **평소보다 30분 일찍 자는 것이다.** 충분히 운동하거나 카페인 섭취를 줄이고 자기 전에 스마트폰을 보지 않으려고 애쓴다. 그렇게 해서 평소보다 30분 일찍 자도 다음 날 일찍 일어나는 것은 역시 힘들다. 알람 시계를 맞춰두면 한 번은 눈이 떠질 것이다. 그 순간 힘들다고 다시 잘 것인가, 일어나서 인생을 바꾸는 선택을 할 것인가. 그야말로 근성이 필요한 순간이다.

나는 아침에 공부하는 습관을 만들기 위해 **알람 시계 앞에 큰 글씨로 '일어나! 여기서 자면 지는 거야!'라고 쓴 종이를 두었다.** 알람이 울려서 눈을 떴다가 힘들어서 다시 자려다가도 그 문장을 보는 순간 여기서 일어나지 않으면 목표를 포기하는 거라는 생각이 들어 참고 일어났다.

그렇게 일주일 정도 평소보다 30분 일찍 일어나기를 반복하자 몸이 익숙해졌는지 조금 수월해졌다. 다음 주에는 30분 더 일찍 일어났다. 이 과정을 한두 달 반복하면서 목표 시간에 일어날 수 있는 몸으로 만들었다.

아무리 잠이 많은 사람도
아침 공부를 할 수 있다

잠이 너무 많아서 온갖 방법을 다 써도 일어나지 못하는 사람도 있다. 체질적으로 아침에는 컨디션이 나쁜 편이라면 무리해서 일찍 일어나서 공부할 필요는 없다. 힘들게 일찍 일어나도 뇌가 제대로 움직이지 않으면 아침 공부에 오히려 효율이 떨어질 수 있다. 그런 사람들은 저녁에 공부하면서 집중력을 높이는 방법을 찾아야 한다.

다만 일찍 일어나지 않아도 아침에 잠깐 공부할 수는 있다. 등교나 출근 준비를 전날 저녁에 미리 해두면 5분이나 10분 정도는 공부 시간을 만들 수 있다. 주어진 시간이 짧기 때문에 보통 어중간한 부분에서 공부를 끝내게 된다. 앞에서 설명했지만 그 어중간함이 다시 공부를 시작할 때 저항감을 낮춰준다. 그러므로 5분짜리 아침 공부도 큰 효과가 있는 셈이다. 아침에 일어나기 힘든 사람은 일찍 일어나지 않아도 되는 아침 공부를 시도해 보자.

공부는 하기 싫지만 SKY는 가고 싶어

푹 자고 일어난 아침 시간은 피로가 풀리고 체력도 정신력도 충전
된 상태이므로 공부에 집중하기 쉽다. 환경 측면에서도 조용한 분
위기에 다른 일로 시간을 뺏기지 않을 수 있다. 아침 일찍 일어나는
습관을 들이려면 조금씩 기상 시간을 앞당기는 것이 중요하다. 다
만 아침이 정말 힘든 사람은 무리하게 일찍 일어날 필요는 없다. 빨
리 일어나지 않아도 할 수 있는 5분짜리 아침 공부를 하자.

집중력 회복을 돕는
재충전 방법

♦ # 일단 쉬고 나면
다시 공부하기 힘들다

공부는 지속적으로 하는 것이 이상적이다. 오롯이 휴식만을 위한 시간은 기본적으로 필요하지 않다. 앞서 살펴보았듯 일상의 루틴이나 사소한 업무를 휴식 시간으로 바꾸어 유용하게 활용할 수 있다. 완전히 휴식만을 위한 시간을 보내고 나면 다시 공부를 시작하기 어렵다.

5분 정도 주어진 쉬는 시간에 유튜브를 본다고 생각해 보자. 재미있는 동영상을 발견했는데 10분짜리다. 하지만 쉴 수 있는 시간은 5분뿐이다. 이런 상황에서 대부분의 사람은 동영상을 끝까지 보게 된다. 그렇게 완전히 휴식 모드로 바뀌어 버린 뇌를 다시 공부 모드로 끌고 오기는 쉽지 않다. 게다가 다들 알겠지만 동영상이 끝나면 그대로 다른 동영상을 나도 모르게 이어서 보게 된다. 그러다가 정신을 차리고 보면 1시간이 훌쩍 지나버리는 것이다. 이런 참사를 막기 위해서라도 순수한 휴식 시간은 필요 없다고 생각하는 게 좋다.

환경을 바꾸며
몰입도를 높이자

식사와 목욕 같은 일상 루틴만으로는 집중력이 회복되지 않을 수도 있다. 도무지 공부할 마음이 안 생겨서 자극이 좀 필요하다고 느낄 때도 있다. 그럴 때는 더 확실한 기분 전환이 필요하다. 다만 공부하면서 할 수 있는 것이어야 한다. 방법은 크게 세 가지가 있는데 효과가 좋고 지속 가능한 순서대로 살펴보자.

① 공부 내용을 바꾼다

② 공부하는 장소를 바꾼다

③ 오감을 자극한다

우선순위로 따지자면 제일 바람직한 방법은 ①번 '**공부 내용을 바꾼다**'이다. 이는 내용에 따라 다시 세 종류로 나눌 수 있다. '과목을 바꾼다', '인풋과 아웃풋을 바꾼다', 그리고 '난이도를 바꾼다'이다. 먼저 **과목을 바꾼다**는 것은 말 그대로다. 영어를 공부하다가 집중력이 떨어지면 수학으로 갈아타는 식이다. 대학 입시처럼 시험과목이 여러 종류일 때 효과가 좋다. 하지만 영어 자격증이나 한자 검정처럼 특정한 자격증 취득을 목표로 공부할 때는 실행하기 어렵다.

그럴 때는 **인풋과 아웃풋을 바꾼다.** 지금까지 참고서를 외우는 인풋으로 공부했다면 이번에는 문제집을 보고 답할 수 있는지 확인하는 아웃풋으로 바꾸는 것이다. 뇌에 지식을 차곡차곡 인풋한 상태와 문제를 풀면서 아웃풋을 할 때 활성화되는 뇌의 부위가 다르다. 따라서 열심히 아웃풋하는 동안에는 인풋할 때 쓰던 뇌의 부위가 쉴 수 있다. 동시에 사용하지 않던 부위가 활성화되어서 살짝 기분도 좋아지므로 훌륭한 기분 전환이 된다.

마지막으로 **난이도를 바꾼다**는 것도 기분 전환의 좋은 방식이다. 한 문제에 몇십 분이나 걸리는 고난도 문제를 붙잡고 끙끙대다 보면 지친다. 그럴 때 쉬운 문제를 먼저 풀고 기초 실력을 확인해 보자. 아직 낯선 분야를 공부하다가 자신이 잘하는 분야를 공부하는 것도 이 방법에 해당한다. 이처럼 공부에 새로운 동력이 필요할 때는 우선 공부 내용을 바꿔보자.

그래도 의욕이 생기지 않는다면 ②번 **공부 장소를 바꿔보자.** 계속 책상에서 공부하다가 소파나 식탁으로 자리를 옮겨 공부해 본다. 장소를 바꾸면 기분도 덩달아 바뀌어 공부를 계속할 수 있는 경우가 많다. 앞서 살펴본 ①번 '공부 내용을 바꾼다'보다 순위가 낮은 이유는 ②번만으로는 고도의 집중 상태를 유지하기 어렵기 때문이다. 주된 원인은 자세에 있다. 책상에서 공부할 때와 달리 소파나 식탁 의자는 오래 공부하다 보면 점점 자세가 굽어져서 등이나 허리가 아프다. 다만 30분이나 한 시간 정도의 짧은 시간이라면 큰 영향이 없으므로 장소를 바꿔서 분위기를 환기해 보자.

내용과 장소까지 바꾸어도 여전히 의욕이 생기지 않는다면 ③번 **오감을 자극하는 방법**을 시도해 보면 좋다. 시각, 청

각, 후각, 미각, 촉각 중 한 가지 또는 여러 가지를 한꺼번에 자극하는 것이다. 예를 들어 단어 암기를 하면서 바깥 경치를 내다보거나 유튜브로 백색소음을 바꾸는 방법도 있다. 좋아하는 향초를 태우거나 간식을 먹고, 손과 허리의 혈을 문지르면서 참고서를 읽을 수도 있다.

이 방법 역시 순위가 낮은 이유는 자극을 받는 감각에 주의를 빼앗기기 때문이다. 방법에 따라서는 한 손밖에 쓸 수 없어 공부 효율이 떨어진다. 감자칩을 먹으면서 공부하느라 기름 묻은 손으로 참고서를 만질 수는 없기 때문이다.

♦ ## 공부 내용만 바꾸어도
새로운 동력이 된다

결국 기분 전환 방법으로 가장 좋은 것은 ①번 공부 내용을 바꾸는 것이다. 하지만 그걸로 기분 전환이 되겠느냐고 생각하는 사람이 많을 것이다. 옛날에는 나도 그렇게 생각했다. 하지만 계속하다 보면 의외로 효과가 크다는 사실을 깨닫는다.

공부하다 보면 지루해서 집중력이 떨어진다. 그래서 장소라도 바꿔야겠다고 생각이 들면 잠깐 참아본다. 그리고 공부 내용을 바꿔서 교재 내용을 한 줄이라도 읽거나 문제를 하나라도 풀어보자. 그러면 의외로 공부를 이어나갈 수 있는 경우가 많다.

장소를 바꾸려다가 또는 오감을 자극하려다가 마음을 고쳐먹는 순간에는 기합이 필요하다. 하지만 그 순간만 잘 이겨내면 순조롭게 공부를 계속할 수 있다. 〈전략 3〉 '일단 시작하면 의욕이 생긴다'와 비슷한 현상이다. 그 순간만 참고 공부 내용을 바꿔서 잠시라도 시도해 보자. 생각보다 훨씬 더 효과가 좋다.

> **핵심 요약**
>
> 일단 쉬게 되면 다시 공부로 돌아오기가 힘들기 때문에 공부하면서 기분 전환을 해야 한다. 기분 전환하여 공부에 다시 몰입하는 방법에는 우선순위가 높은 순서로 '공부 내용을 바꾼다', '장소를 바꾼다', '오감을 자극한다'가 있다. 가장 효율이 높고 이상적인 방법은 공부 내용을 바꾸는 것이다. 집중력이 떨어질 때 바로 포착하여 대처하면 계속 공부할 힘이 생긴다.

5분 안에
완벽히 휴식하는 방법

♦ **휴식 시간은
절대 5분을 넘기지 않는다**

공부하면서 기분 전환을 해봐도 도저히 집중력이 회복되지 않을 때는 최후의 수단으로 순수하게 쉬는 시간을 보내는 수밖에 없다. 그 시간이 짧을수록 좋은 것은 말할 필요도 없다. 휴식 시간이 길면 그만큼 공부 시간이 줄어들기 때문이다. 내 경험상 적어도 5분은 쉬어야 기분이 나아져서 순수한 휴식 시간은 5분으로 정해 놓았다.

공부는 하기 싫지만 SKY는 가고 싶어

그 짧은 시간에 뇌를 재충전하기 위해서는 **뇌에 공부 이외의 약한 자극을 주어야 한다.** 공부할 때 집중력이 떨어지는 것은 뇌가 공부를 지겹다고 느끼기 때문이다. 공부에 대한 흥미를 다시 불러일으키려면 무심한 상태로 뇌를 내버려두기보다는 약한 자극을 주는 편이 효과적이다. 물론 공부 이외의 자극이 필요하다. 마치 고깃집에서 고기를 실컷 먹다가 살짝 물렸을 때 찌개를 먹어주는 것과 같다. 그러면 다시 고기를 맛있게 먹을 수 있는 것처럼 공부에 싫증이 났을 때는 공부 외의 다른 자극을 줘야 뇌가 충분히 쉴 수 있다.

다만 자극이 너무 강하면 뇌가 쉴 수 없고 자칫 그 자극을 더 원하게 되어 다시 공부하기가 어렵다. 그러므로 적절하게 약한 자극이 필요하다. **자극의 정도가 뇌의 휴식에 적당한지 판단할 때는 '공부하면서도 즐길 수 있는 정도인가?'를 하나의 기준으로 삼을 수 있다.**

예를 들어 스트레칭은 좋은 휴식의 대표적인 예다. 공부하면서도 평소 익숙한 스트레칭은 문제없이 할 수 있다. 반면 만화를 보는 것은 뇌에 강한 자극이 되어서 좋은 휴식이라고 할 수 없다. 만화를 보면서 머릿속으로 영어 단어를 중얼거릴 수 있는 사람은 없지 않겠는가?

물론 오해하면 안 된다. 휴식하고 있을 때도 공부 생각을 하라는 이야기가 아니다. 어디까지나 그 행위가 주는 자극이 뇌의 휴식에 적절한지 판단하기 위한 기준일 뿐이다. 실제로 순수하게 쉴 때는 공부 생각은 하지 않는 편이 좋다. 무엇을 위한 휴식인지 알 수 없어져 버리기 때문이다.

이처럼 '공부 생각을 하면서도 즐길 수 있는가?'라는 기준으로 뇌의 휴식에 좋은 행위와 나쁜 행위를 나눠보면 당연히 사람마다 차이가 있다. 참고로 나에게 좋은 휴식이 되는 행위를 소개하겠다.

♦ 공부 흐름을 이어가는 좋은 휴식의 세 가지 예시

① 몸을 가볍게 움직이기

간단한 근육 운동이나 스트레칭을 하면서 몸을 가볍게 움직이면 효과적으로 뇌가 쉴 수 있다. 근육 운동을 하면서 바른 자세를 생각하면 뇌에도 적당한 자극이 된다. 또 걷기와 산책처럼 이미 익숙한 동작을 하는 것도 좋다.

② 대화하기

주변 사람과 일상적인 대화를 나누는 것도 좋은 휴식이 된다. 어제 있었던 재미있는 일이나 되도록 머리를 쓰지 않는 간단한 주제에 관해 이야기하자. 학교나 학원에서 친구와 이야기하는 것도 좋다. 그 대화 속에서 나도 모르게 기분이 풀어지고 마음이 편안해진다.

③ 익숙한 음악 듣기

평소 자주 들어서 익숙한 음악이 있다면 이 또한 약한 자극이 되어 듣는 동안 뇌가 충분히 쉴 수 있다. 나는 유튜브에 휴식 시간에 듣는 음악 리스트를 만들어두었다. 새로운 음악이나 가요는 자극이 너무 강해서 듣지 않는다. 대신 이미 여러 번 들어서 익숙해진 곡들만 리스트에 정리해 놓았다. 최신곡을 추가하고 싶다면 공부하지 않을 때 몇 번 반복해서 들어 익숙해진 다음 휴식용 음악 리스트에 추가한다.

휴식을 가장한
유혹에 빠지지 않는다

반면 공부 흐름을 끊어버리는 나쁜 휴식의 예도 있다. 텔레비전이나 동영상, 게임 그리고 만화가 대표적이다. 이들은 자극이 너무 강해 뇌가 제대로 쉴 수 없다. 또한 점점 다음 내용이 궁금해지도록 만들어졌기 때문에 5분 동안만 짧게 보고 멈추기가 어렵다. 따라서 공부에만 몰입하고 싶다면 처음부터 보지도 말고 하지도 않는 게 최선이다.

> **핵심 요약**
> 집중력 회복을 위한 순수한 휴식은 5분 이내로 끝내는 것을 목표로 한다. 약한 자극을 받으면 뇌가 효과적으로 쉴 수 있다. 가볍게 몸을 움직이거나 짧은 대화를 나누고 익숙한 음악을 들으며 뇌를 쉬게 하자.

공부는 하기 싫지만 SKY는 가고 싶어

계획은 시간이 아니라
분량으로 정한다

◆ ## 시간 단위로 세운
공부 계획의 문제점

학습 계획을 세울 때 대부분의 학생은 시간을 기준으로 한다. 오후 5시부터 7시까지 공부, 7시부터 7시 반까지 식사, 그다음 8시까지 휴식, 다시 8시부터 10시까지 공부한다는 식이다. 그러나 학습 계획은 시간이 아니라 분량을 기준으로 세우는 편이 효율적이다.

학습 계획을 시간 단위로 나누면 자칫 게으름을 피우기 쉽다. 예를 들어 한 시간 뒤부터 쉬는 시간이면 그때까지는 대충 빈둥거리며 시간을 보내다가 쉬는 시간이 되자마자 공부를 멈추는 것이다. 공부를 워낙 싫어했던 우리 형이 어렸을 때 이런 식이었다. 공부 시간이 끝나고 저녁을 먹으면서 내가 '어디까지 공부했어?'라고 물으면 '아무것도 안 했어. 지우개 똥 만드느라 시간을 다 보냈어'라고 답하곤 했다. 물론 이런 극단적인 경우는 흔치 않다. 하지만 공부를 완전히 마치지 않아도 시간만 채우면 쉴 수 있는 환경이라면 집중력이 떨어지고 학습 효율도 낮아질 가능성이 크다.

학습 계획은
분량 단위로 나눈다

학생들이 자습하는 모습을 살펴보면, 2시간의 공부 시간 중 절반이 지났을 때 대체로 분량의 절반 정도를 마친다. 그런데 이 시점에서 많은 학생이 '아직 한 시간이나 더 해야 하네'라며 힘들어하고 집중력이 떨어진다. 이처럼 학습 계획을 시간 단위로 세우면, 아무리 열심히 해도 정해진 시간까지는

공부는 하기 싫지만 SKY는 가고 싶어

계속 공부해야 하므로 의욕이 쉽게 저하될 수 있다.

반면, 분량 단위로 학습 계획을 세우면 열심히 할수록 더 빨리 끝낼 수 있다. 같은 상황에서도 '조금만 더 하면 끝난다'라는 생각이 들기 때문에 오히려 집중력이 높아진다. 나는 이런 상태를 '한계 돌파 모드'라고 부른다. 원래라면 집중력이 떨어지는 시점이지만, 끝이 보이기 시작하면 오히려 최고의 몰입 상태로 전환되는 것이다.

물론 어떤 사람은 '아직 공부할 게 절반이나 남았다'라는 생각에 의욕이 떨어지기도 한다. 그럴 때는 학습량을 조금 줄여서, 절반쯤 진행했을 때 '이제 거의 다 왔다'라는 느낌을 받게끔 조정하면 된다. 그렇게만 해도 충분히 한계 돌파 모드로 들어갈 수 있다.

공부를 시작한 뒤 어느 시점에서 집중력이 떨어지는지, 또 남은 분량이 어느 정도일 때 한계 돌파 모드에 들어갈 수 있는지는 사람마다 다르다. 따라서 학습량을 조절해 보면서 자신에게 맞는 최적의 분량을 찾아내는 것이 중요하다. 참고로, 나는 한 시간에서 한 시간 반 정도에 끝낼 수 있는 분량을 설정하면 비교적 쉽게 한계 돌파 모드에 들어갈 수 있었다.

시간 감각을 익혀
스케줄의 정밀도를 높인다

학습 분량을 기준으로 계획을 세우는 가장 큰 장점은 시간에 대한 감각이 정확해진다는 점이다. **자신이 계획한 분량을 어느 정도 시간에 끝낼 수 있는지 감각적으로 파악할 수 있게 된다.** 일상 속의 루틴, 즉 식사 시간이나 등교 시간은 일정하므로 그 시간까지 맞춰서 끝낼 분량을 스스로 조정할 수 있다.

시간 감각이 중요한 이유는 스케줄을 정확하게 예측하는 바탕이 되기 때문이다. 특히 장기 계획을 세울 때 시간 감각이 더욱 중요하다. 6개월이나 1년 정도의 학습 계획을 세우려면 하루에 공부할 수 있는 분량을 정확히 예측해야 한다. 이때 시간 감각이 무디면 실제 할 수 있는 분량보다 많거나 적게 설정해버려서 계획을 몇 번이고 수정해야 할 수도 있다. 최악의 경우 시험일까지 해당 범위의 공부를 다 끝내지 못할 수도 있다. 이처럼 시간 감각의 정확성은 효율적인 학습 계획을 세우는 데 상당히 중요하다.

학습 분량을 기준으로 계획을 세우면, 하루에도 여러 번 시간 감각을 단련할 기회가 생긴다. 나 역시 어릴 때부터 분량

공부는 하기 싫지만 SKY는 가고 싶어

단위로 공부하는 습관을 들였기에, 새로운 분야를 배울 때도 한 시간 안에 어느 정도 분량을 끝낼 수 있을지 꽤 정확히 짐작한다. 이렇게 시간 감각이 길러지면 장기 계획을 세울 때도 훨씬 자신감 있고 현실적인 계획을 세울 수 있다.

> **핵심 요약**
> 학습 계획은 시간이 아니라 분량을 기준으로 세운다. 이렇게 하면 공부하면서 적당한 긴장감도 유지할 수 있고 한계 돌파 모드에 이르며 집중력과 의욕까지 끌어올릴 수 있다. 스케줄의 정확도가 높아져 더 효율적으로 공부할 수 있는 장점도 있다.

3장

과목별
맞춤 공부 기술을
장착하라

암기 과목의 공부법을 터득하면
다음과 같은 시험에 활용할 수 있다.

- 대학 입시: 영어, 한국사, 세계사, 지리, 정치와 법, 경제, 윤리, 생명과학, 화학(계산 분야는 제외)

- 자격시험: 공무원, 임용고시, 사법시험, 법무사, 변리사, 노무사 시험, 그 외 법률 관련 자격시험 전반

지식을 흡수하는
암기의 절대 원칙

◆ **암기 필수템**
삼총사를 활용한다

공부 내용을 실제 어떤 식으로 암기하는지 구체적인 과정을 소개하겠다. 우선 암기 필수템 세 가지를 준비한다. 암기용 빨간 시트와 파란 마커펜, 그리고 분홍 펜이다. 열심히 외운 다음 제대로 기억하고 있는지 확인해야 하는데 그때 필요한 도구가 빨간 시트와 파란 마커펜이다. 이미 쓰고 있는 사람도 많을 것이다. 암기가 필요한 부분을 파란 마커펜으로 칠하면

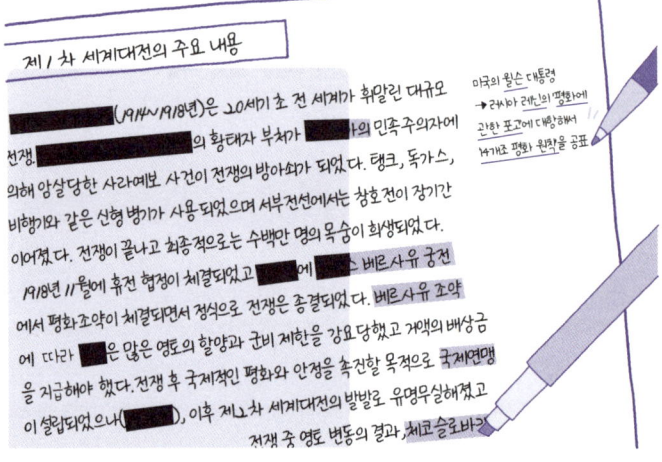

서 외운다. 그리고 빨간 시트로 가리면 마커펜으로 칠한 부분이 까맣게 변해 보이지 않는다. 그 상태에서 제대로 외웠는지 확인하면 된다.

또 하나의 암기 필수템은 분홍 펜이다. 새로 참고서에 메모한 내용 중 외워야 할 핵심 개념은 분홍 펜으로 쓴다. 이때 해당 부분에 연필로 밑줄을 그어 표시해 두는 것을 잊지 말자. 빨간 시트로 가리면 분홍 펜으로 쓴 내용도 모두 보이지 않기 때문에 연필의 밑줄이 '여기 외워야 할 단어가 있어요'라는 표시가 된다.

기본적으로는 참고서를 읽을 때 외우고 싶은 부분에 파란 마커펜를 그으면서 읽어나간다. 읽다가 모르는 곳이 나오면 다른 참고서를 조사해서 분홍 펜으로 써넣는다(외우지 않아도 되는 보충 설명은 연필로 써넣으면 좋다). 나는 빨간 시트와 파란 마커펜, 분홍 펜을 합쳐서 '암기 필수템 삼총사'라고 부른다.

◆ 최고의 공부 효율을 내는 소리 내어 읽기의 힘

일반적으로 학생들이 자주 활용하는 암기법은 크게 세 종류가 있다. '눈으로 보기(묵독 포함)', '손으로 쓰기', '소리 내어 읽기'. 이 중에서 암기에 가장 효과적인 방법은 역시 소리 내어 읽기로, 시간 대비 효과를 따져도 단연 최고의 암기법이다. 그런데도 눈으로 보기만 하면서 외우려는 학생이 많다. 하지만 여러분은 이제 이 방법은 효과가 낮다는 점을 알 것이다. 암기할 때는 자극이 클수록 머릿속에 잘 각인되는데 단순히 눈으로 보기만 하면 자극이 너무 약하다.

반면에 손으로 쓰면서 외우면 눈으로 보기만 하는 것보다 훨씬 자극이 세다. 눈으로 들어오는 자극, 즉 보는 것과 쓸 때 손의 움직임이 주는 자극으로 뇌에 지식을 더 깊이 넣을 수 있다. 아쉽게도 쓰기는 상대적으로 시간이 오래 걸리는 단점이 있다. 한 번 쓰는 동안 5번은 소리 내어 읽을 수 있으므로 시간 대비 효율이 떨어진다. 물론 논술처럼 직접 쓰는 시험을 대비할 때는 당연히 손으로 쓰면서 연습해야 한다.

따라서 소리 내어 읽기가 암기 과목 공부의 최대 효과를 올릴 수 있는 방법이다. 내용을 보면서 눈으로 들어오는 자극, 읽으면서 입을 움직이는 자극, 자신의 목소리를 들으며 귀로 오는 자극까지 동시에 주면서 뇌에 강력하게 지식을 새겨넣을 수 있다. 게다가 쓰기보다 훨씬 더 짧은 시간에 끝낼 수 있다. 눈으로만 읽는 것보다는 시간이 걸리지만 큰 차이는 없다. 시간 대비 효과를 생각해도 소리 내어 읽기가 보기와 쓰기를 압도하는 최고의 암기법이다.

효율적인 암기를 위한
소리 내어 읽기의 요령

소리 내어 읽으면서 암기할 때 주의할 점 세 가지가 있다.

① 빨리 읽는다
② 부분적으로 반복해서 읽는다
③ 평소 성량으로 읽는다

우선 '빨리 읽는다'는 시간 대비 효과를 올리기 위함이다. 나는 핵심 단어뿐 아니라 전후 문맥도 외우기 위해 참고서를 모두 소리 내어 읽는다. 따라서 진도를 빨리 나가려면 빠른 속도로 읽어야 한다. 단 내용을 이해할 수 있는 속도는 지킨다. 무작정 읽기만 하는 것은 입 운동일 뿐이다. 내용을 이해하면서 따라갈 수 있을 정도로, 가능한 한 빨리 읽는다.

두 번째는 상황에 따라 필요한 부분을 몇 번이고 반복해서 읽는 습관이다. 같은 페이지 안에서도 잘 외워지는 부분과 그렇지 않은 부분이 있다. 긴 영어 문장이나 외국 인명은 발음도 어렵다. 그런 부분은 다섯 번이고 열 번이고 소리 내어 읽은 뒤, 눈을 감고도 말할 수 있을 정도로 연습하고 다음 진도를 나간다.

마지막은 성량이다. 목소리는 너무 크지도 작지도 않게, 평소 말할 때와 같은 크기가 좋다. 무리해서 큰 소리로 읽으면 소리를 내는 데 신경 쓰느라 정작 암기 내용에는 집중할 수 없다. 반대로 소리가 너무 작으면 귀에 자극이 충분하지 않다. 카페에서 공부할 때는 주변이 신경 쓰여서 작은 소리로 읽을 수밖에 없지만 집에서 공부할 때는 평소 말할 때와 비슷한 크기로 읽으면서 외우자. 방에서 혼자 공부할 때도 가족들이 들을까 봐 부끄러워서 작은 소리로 읽는 사람이 의외로 많다. 가장 효율적인 공부를 하는데 아무에게도 도움이 되지 않는 부끄러움은 버려라.

핵심 요약 | 빨간 시트, 파란 마커펜, 분홍 펜은 암기 필수템 삼총사다. 외울 때는 눈으로 보기만 하거나 손으로 쓰기만 하는 것보다 소리 내어 읽기가 가장 효과가 뛰어나다. 소리 내어 읽을 때는 빨리 읽기와 군데군데 반복해서 읽기, 그리고 평소 성량으로 읽기에 유의하자.

출발은
'왕복 암기'

암기 작업은 크게 두 종류, '왕복 암기'와 '통째 확인'으로 나뉜다. '왕복 암기'는 처음 외우거나 한 번 외웠지만 전혀 기억나지 않을 때 하는 작업이다. '통째 확인'은 한 번 암기한 뒤 어느 정도 내용이 머리에 남아 있을 때 하는 작업이다.

먼저 왕복 암기부터 살펴보자. 왕복 암기는 앞서 2장에서 소개한 11회독을 진행할 때, 3회독 시기에 진행한다. 1회독 때는 묵독을 하고 2회독은 소리 내어 읽는다. 그때 외워야 할 부분에 파란 마커펜으로 표시하고, 직접 추가할 내용은 분홍 펜으로 적어 넣는다. 그리고 3회독 때 비로소 왕복 암기를 하는 것이다. 왕복 암기의 장점은 틀리기 쉬운 곳일수록 반복해서 외울 수 있고, 망각곡선을 고려하여 기억에서 잊힐 때쯤 다시 한번 복습해서 기억을 단단하게 만들 수 있다는 점이다.

◆ 틀리기 쉬운 곳일수록
반복하여 확인한다

　구체적인 작업 과정은 이러하다. 참고서 10쪽 분량을 외운다고 하면, 첫 페이지는 빨간 시트 없이 꼼꼼하게 구석구석 소리 내어 읽는다. 잘 외워지지 않는 내용은 몇 번이고 소리 내어 읽는다. 그다음 페이지로 넘어가서도 빨간 시트 없이 소리 내어 읽는다. 그렇게 2쪽까지 끝나면 1쪽으로 돌아간다. 이번에는 빨간 시트를 써서 파란 마커펜으로 칠한 부분이나 분홍 펜으로 쓴 부분을 가리고 말할 수 있는지 확인한다. 이때 외우지 못한 부분은 연필로 표시하고, 다시 외우기 위해 몇 번 더 소리 내어 읽는다.

　1쪽 전체를 확인한 다음, 처음부터 다시 한번 가려놓고 답할 수 있는지 확인한다. 이때 아직 외우지 못한 부분에는 다

　　　　공부는 하기 싫지만 SKY는 가고 싶어

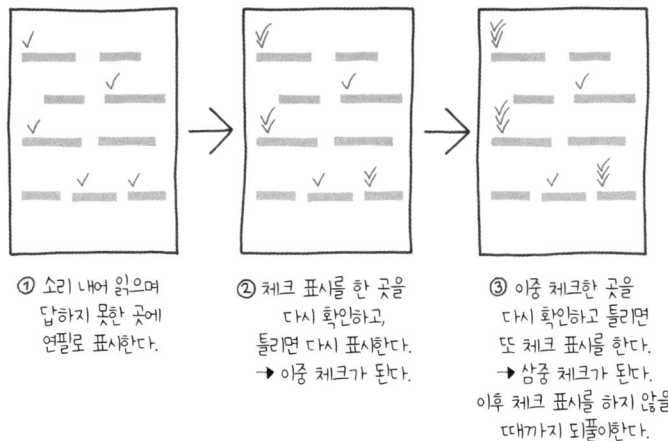

① 소리 내어 읽으며
답하지 못한 곳에
연필로 표시한다.

② 체크 표시를 한 곳을
다시 확인하고,
틀리면 다시 표시한다.
→ 이중 체크가 된다.

③ 이중 체크한 곳을
다시 확인하고 틀리면
또 체크 표시를 한다.
→ 삼중 체크가 된다.
이후 체크 표시를 하지 않을
때까지 되풀이한다.

시 표시한다. 즉 이중으로 표시하는 것이다. 또 앞서 했던 것과 마찬가지로 그 단어를 몇 번 더 소리 내어 읽는다. 이중 표시가 끝나면 다시 가리고 처음부터 소리 내어 말하며 이중 표시된 부분도 말할 수 있는지 확인한다. 이때도 답하지 못한 부분은 다시 표시, 즉 삼중 표시를 하고 소리 내어 읽는다.

이처럼 계속 교재의 앞뒤를 **왔다 갔다 하면서 표시할 부분이 없어질 때까지 몇 번이고 암기 작업을 반복한다.** 이 과정은 전체 11회독에는 포함해서 계산하지 않는다. 어디까지나 3회독 안에서 이루어지는 암기 작업이다. 이렇게 표시할 곳이 없어질 때까지 반복하는 작업을 '**무한 체크**'라고 부른다. 이 방법의 장점은 틀리기 쉬운 곳을 집중해서 확인할 수 있다는 점이다. 기계적으로 따라 하기만 하면, 암기하기 어려운 단어일수록 몇 번이고 짧은 간격으로 외우게 된다. 결과적으로 **쉬운 단어는 적은 횟수로 끝내고 어려운 단어는 높은 빈도로 반복해서 효율적으로 머릿속에 저장할 수 있다.**

◆
한 번 외우고
몇 분 뒤에 다시 외운다

지금까지의 과정을 처음부터 정리하면 다음과 같다.

① 1쪽을 소리 내어 읽기 → ② 2쪽을 소리 내어 읽기 → ③ 1쪽으로 돌아와서 무한 체크하기

그리고 뒤에 이어지는 과정도 마찬가지다. 다음 쪽을 소리 내어 읽은 뒤 다시 앞으로 돌아가서 무한 체크 과정을 반복하는 것이다.

공부는 하기 싫지만 SKY는 가고 싶어

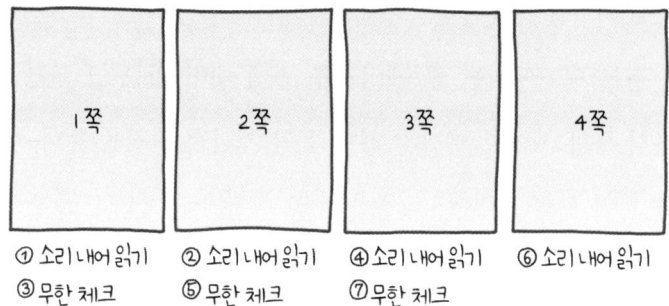

④ 3쪽을 소리 내어 읽기 → ⑤ 2쪽으로 돌아와서 무한 체크하기 → ⑥ 4쪽을 소리 내어 읽기 → ⑦ 3쪽으로 돌아와서 무한 체크하기

왕복 암기의 핵심은 **소리 내어 읽으며 머릿속에 넣은 지식을 잊어버릴 때쯤 무한 체크로 다시 한번 확실히 외우는 것이**다. 앞서 〈전략 2〉의 '나의 망각곡선을 알면 전략이 보인다'에서 설명했듯이 제대로 암기 작업을 한 다음이라면 그 기억은 며칠 동안 머릿속에 남는다. 하지만 거의 처음 보는 내용을 두세 번 소리 내어 읽는 정도로는 몇십 분, 기억력이 나쁜 사람은 단 몇 분 만에 잊어버린다. 하지만 지식이 뇌에서 빠져나가려는 그 순간 다시 한번 뇌 속으로 집어넣으면 기억은 한

층 더 단단해진다. 잊어버릴 듯할 때 다시 한번 암기하는 행동이 기억을 효율적으로 정착시킨다.

왕복 암기에서는 한 페이지를 소리 내어 읽고 그 부분을 다시 무한 체크할 때까지 얼마 동안 시간적 간격을 둔다. 예를 들면 앞의 그림에서 2쪽을 소리 내어 읽는 단계는 ②번이지만 무한 체크 작업은 ⑤번에 위치한다. 이것이 왕복 암기의 핵심이다. 그 시간 동안 다른 부분을 소리 내어 읽으며 앞에서 외운 지식을 살짝 잊어버릴 때까지 기다리는 것이다. 그리고 절반 정도 잊어버렸을 때 무한 체크를 한다. 그렇게 하면 기억이 훨씬 더 단단히 정착된다.

계획한 10쪽 분량을 모두 왕복 암기했다고 끝이 아니다. 마지막까지 외우고 나면 1, 2쪽의 기억은 흐려진다. 그러므로 다시 한번 전체 내용을 확인해서 기억을 완벽하게 정착시켜야 한다. 이때 하는 작업이 바로 '통째 확인'이다.

> **핵심 요약** 아직 기억이 정착되지 않은 범위는 우선 '왕복 암기'한다. 왕복 암기에서는 다음 페이지를 소리 내어 읽고 다시 앞 페이지로 돌아가 '무한 체크'한다. 무한 체크는 잘 외워지지 않는 내용일수록 반복해서 기억하기 위한 방법이다.

마무리는 '통째 확인'

◆ **외울 범위 전체를 통째로 몇 번이고 돌려 본다**

왕복 암기가 끝나면 다음은 '통째 확인'의 단계다. 그날 외우기로 목표한 모든 학습 분량을 '통째로' 무한 체크하는 것이다. 왕복 암기를 할 때 무한 체크 작업은 한 페이지 안에서 외우지 못한 곳을 반복하여 확인하는 작업이었다. **통째 확인 단계에서는 그날 외울 분량이 10쪽이라면 10쪽 전체를 한꺼번에, 외우지 못한 곳을 반복해서 확인한다.** 이 또한 왕복 암기와 마찬가지로 11회독에 들어가지 않는다. 어디까지나 3회독의 작업 내용이다.

통째 확인 과정을 구체적으로 살펴보자. 먼저 1쪽부터 빨간 시트를 이용해 파란 마커펜 부분과 분홍 펜으로 쓴 부분을 가리고 답할 수 있는지 하나씩 확인한다. 답하지 못한 부분은 체크 표시를 하고 소리 내어 읽으며 외운다. 1쪽이 끝나면 처음으로 돌아가지 않고 그대로 2, 3쪽을 이어서 진행한다. 그렇게 해서 계획했던 10쪽까지 모두 마치면 1쪽의 처음으로 돌아가 체크 표시를 해둔 곳만 다시 확인한다. 틀린 곳은 다시 체크하고 소리 내어 읽으며 외운다. 이 작업을 10쪽까지 진행한 다음 다시 1쪽 처음으로 돌아간다. 그리고 다시 지금 체크한 곳만 또 확인한다. 더 이상 체크할 곳이 나오지 않을 때까지 이 과정을 몇 번이고 반복한다. 그야말로 '무한 체크'를 하는 것이다.

몇 번이고 반복한다고 생각하면 무척 힘들 것 같지만 이미 왕복 암기로 확실히 외운 직후이므로 답하지 못하는 곳은 그리 많지 않다. 보통 2, 3회 정도면 끝난다. 게다가 틀렸던 부분만 확인하므로 시간은 거의 들지 않는다. **통째 확인을 통해 오늘 외운 지식을 처음부터 끝까지 빠짐없이 기억할 수 있게 된다.**

| 통째 암기 |

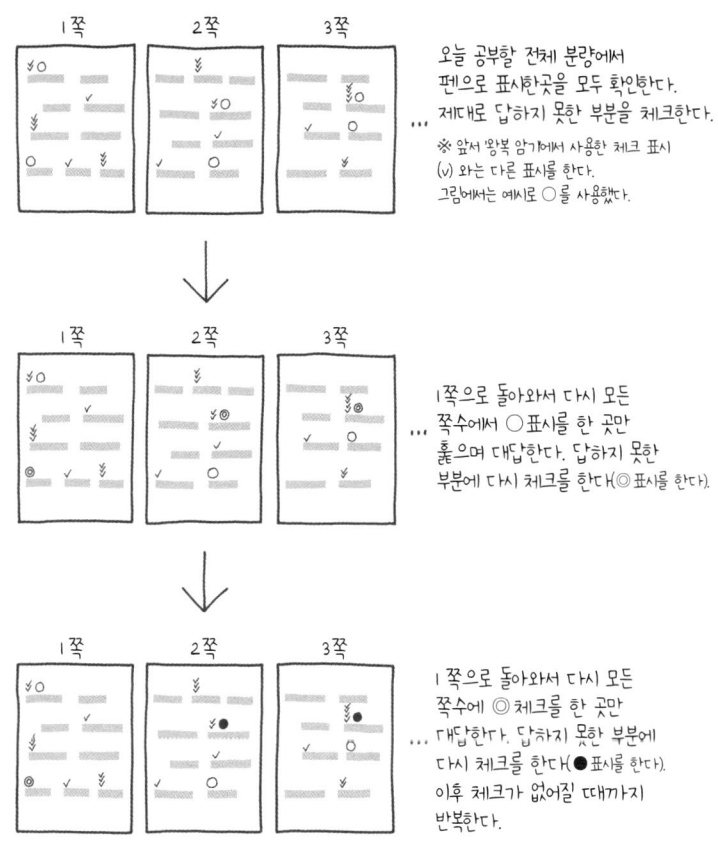

오늘 공부할 전체 분량에서 펜으로 표시한곳을 모두 확인한다. 제대로 답하지 못한 부분을 체크한다.

※ 앞서 왕복 암기에서 사용한 체크 표시 (v) 와는 다른 표시를 한다. 그림에서는 예시로 ○를 사용했다.

1쪽으로 돌아와서 다시 모든 쪽수에서 ○ 표시를 한 곳만 훑으며 대답한다. 답하지 못한 부분에 다시 체크를 한다(◎ 표시를 한다).

1쪽으로 돌아와서 다시 모든 쪽수에 ◎ 체크를 한 곳만 대답한다. 답하지 못한 부분에 다시 체크를 한다(● 표시를 한다). 이후 체크가 없어질 때까지 반복한다.

이때 한 가지 주의할 점이 있다. 통째 확인을 할 때 앞서 왕복 암기에서 체크한 표시가 남아 있을 것이다. 그 표시는 그대로 남겨두자. 체크 표시가 많이 달린 부분은 시험에서 틀리기 쉬운 곳이라는 뜻이다. 그 부분을 보기만 해도 '여기는 외우느라 정말 고생했어' 하고 기억이 되살아나 더욱 강화된다. 또한 구별하기 쉽도록 왕복 암기에서 사용한 체크 표시와는 다른 기호를 써서 표시하자. 나는 ○(반복해서 틀리면 ◎, ●를 쓴다) 표시나 正(틀릴 때마다 한 획씩 늘린다)을 사용한다.

◆ 4회독 이후에는 기본적으로 통째 확인만 한다

이것으로 3회독의 암기 작업이 모두 마무리되었다. 간단히 정리하면 왕복 암기 단계에서 처음 보는 낯선 지식을 철저히 머릿속에 집어넣은 다음 통째 확인 과정에서 전체를 빠짐없이 암기하는 것이다.

4회독 이후의 암기 작업은 기본적으로는 통째 확인 방법으로 외운다. 왕복 암기는 하지 않는다. **3회독할 때 확실히 암기**

공부는 하기 싫지만 SKY는 가고 싶어

작업을 거쳤으므로 4회독 때는 어느 정도 기억에 남아 있다. 그러므로 왕복 암기처럼 암기하고 몇 분 후에 다시 외우지는 않아도 된다.

다만 가끔 '4회독인데도 이전에 외웠던 내용이 전혀 머릿속에 안착하지 않았다'라는 느낌이 들 때가 있다. 4회독의 암기 작업, 즉 통째 확인을 할 때 정답률이 20%에 미치지 못할 때다. 그때는 할 수 없다. 3회독과 마찬가지로 왕복 암기를 한 다음 통째 확인 작업을 거친다. 이런 경우는 보통 회독하는 간격이 잘못된 경우가 많다. 5회독은 예정보다 빨리 착수하도록 계획을 수정하자.

♦   ## 모든 암기는 '기억의 토대 쌓기'와
'기억의 완성'으로 이루어진다

여기까지 읽은 분들은 알아차렸을 것이다. 내 암기법은 매일의 암기 작업에서 장기적인 계획까지 늘 '기억의 토대 쌓기(정착하지 않은 지식을 머리에 집어넣는 과정)'와 '기억의 완성(어느 정도 외운 지식을 빠짐없이 정착시키는 과정)'의 반복이다. 매일의 암기 작업에서는 왕복 암기로 기억의 토대를 쌓고 통째 확인을 통해 기억을 완성한다. 장기 계획을 세울 때도 앞서 제2장 〈최상의 학습 계획을 만드는 '2:1 규칙'〉에서 소개한 것처럼 기억의 토대 쌓기 기간과 기억의 완성 기간으로 크게 나누어 계획한다. 결국 망각곡선을 의식해서 암기 작업의 타이밍을 조절하는 것과 기억의 토대 쌓기와 기억의 완성을 반복하는 것, 이두 가지 핵심만 잘 이해하고 실행한다면 암기 과목의 성적은 분명히 오른다.

> **핵심**
> **요약**
> 어느 정도 외운 지식은 통째 확인을 통해 빠짐없이 완전히 정착시키자. 오늘 학습 범위 전체를 외우기 어려운 곳 위주로 몇 번이고 반복해서 기억하는 방법이다. 암기 작업을 할 때는 늘 '기억의 토대 쌓기'가 끝난 뒤에 '기억의 완성' 단계를 거쳐야 한다는 사실을 잊지 말자.

공부는 하기 싫지만 SKY는 가고 싶어

완벽히 암기했는지 확인하는 기준

◆ ## 감각이 아닌
객관적 지표로 판단한다

암기 작업을 반복하다 보면 슬슬 '이 책은 마스터했다'는 생각이 드는 순간이 온다. 정말 마스터했는지 어떻게 판단하면 좋을까? 자신의 감각? 아니다. 반드시 객관적인 기준에 따라 판단해야 한다. 감각은 정확하지 않고 상황에 따라 대충 넘기게 된다. 완벽하게 공부했다고 생각했는데 막상 시험에서는 좋은 점수가 나오지 않고, 배운 지식을 업무에 활용하지 못하는 것도 대충 감으로 이 정도면 됐다고 판단하고 넘기기 때문이다.

한 권의 책을 암기하는 경우, 내가 끝냈다고 생각하는 기준은 **마지막 암기 작업이 완료되고 일주일 후의 기억 정착률이 90% 이상일 때**다. 물론 100% 완벽하게 외우는 상태가 가장 이상적이지만 정착률을 90%로 만들기 위한 시간과 100%로 올리는 시간은 2배 정도 차이가 나므로 시간 효율을 따지면 90%로 충분하다. 물론 이 기준은 시험의 목표 점수에 따라 높이거나 낮추면서 조절한다.

그럼 정착률은 어떻게 측정할 수 있을까? 바로 참고서를 11회독해서 외우고 일주일 후에 스스로 테스트한다. 각 장에서 몇 쪽 정도를 무작위로 고른 다음 빨간 시트로 가리고, 빈칸에 답할 수 있는지 확인해서 정답률을 계산한다. 이 정답률이 바로 정착률이다. 만약 정착률이 특히 낮은 장이 있다면 그 장만 통째 확인을 통해 다시 외운다. 그리고 며칠 뒤 그 장에서 지난번보다 더 많은 페이지를 골라 90% 이상 외웠는지 다시 확인한다.

이상적으로는 다시 외우는 일이 발생하지 않는 것이 가장 좋다. 만일 다시 외워야 할 때는 암기 작업의 회독 수나 간격

등 개선할 점이 없는지 살펴보고 다음 책을 암기할 때 적용하자. 이렇게 시행착오를 거치면서 정착률이 90% 이상 되도록 하는 자신만의 회독 수와 간격을 확립해 나가면 된다.

◆ ## 한번 정한 기준은
충실히 따른다

인간은 누구나 빈틈이 있으면 게을러지기 마련이다. 한번 정한 기준이 점점 느슨해지는 경우가 종종 있다. 90% 이상의 정착률을 기준으로 정해놓고 '다른 과목 공부가 더 바쁘니까' 하면서 85%라도 좋다고 타협하거나 이런저런 핑계를 대면서 기준을 낮춘다. 설령 그 이유가 정당하다 해도 기준은 절대 내리면 안 된다. 물론 다른 일이 바빠지면 공부할 시간이 없으므로 기억 정착률은 떨어질 것이다. 하지만 그럴 때일수록 기준을 내리는 것이 아니라 다음 해당 범위를 다시 한번 공부하자. 그래서 90% 정착률을 만들면 된다. 한 번 해서 안 되면 또 하면 된다. 결정한 기준을 넘길 때까지 반복하자.

한 번 기준을 낮추면 자꾸 낮추게 된다. 장기적으로 보면 기준이 점차 하락하므로 언젠가부터는 정착률이 70%만 되어도 다 되었다며 넘기게 될 수도 있다. 그 당시에는 편하더라도 나중에 목표를 달성하지 못해서 낭패를 보게 된다. 그러니 현재는 힘들더라도 나태해지지 말고 반복해서 공부하며 확실히 암기하자.

> **핵심 요약**
>
> 완벽하게 암기했는지의 판단은 자신의 감각에 의존하지 말고 객관적인 기준에 따른다. 나는 마지막 암기 작업을 끝낸 다음 일주일 후의 기억 정착률이 90% 이상일 때 완벽히 암기했다고 판단한다. 한번 정한 기준은 충실하게 지키고 느슨해지지 않도록 하자.

"그동안 공부를 포기한 건
'머리'가 아니라
'마음'이었다!"

사고력 과목의 공부법을 터득하면
다음과 같은 시험에 활용할 수 있다.

- 대학 입시: 수학, 물리, 화학, 지구과학(계산 분야)

- 자격시험: 공무원 시험(수적 처리), 보험계리사, 공인회계사, 세무사, 기타 회계 계열 자격시험 전반

모든 문제의
패턴에 통달한다

◆ ## 모든 해설과
문제 유형을 대비한다

사고력 과목도 결국 기본은 암기다. 우선은 시험에 자주 출제되는 문제, 즉 단골 기출문제 유형의 풀이법을 외운다. 공략의 포인트는 모든 문제의 패턴을 체득하는 것, 그리고 이해해서 외우는 것이다.

모든 문제의 패턴이란 말 그대로 전체 풀이 유형을 뜻한다. 시험 합격이 목표라면 합격점에 해당하는 수준의 문제 풀이를 모두 외워야 한다. 이때 놓치기 쉬운 해법의 대표적인 예가 '별해', 즉 다른 풀이다. 수학이나 물리 같은 사고력 과목에서는 한 문제에 대해 모범 답안 외에 조금 특수하지만 빨리 풀 수 있는 별해가 종종 제시된다. 그럴 때 보통 귀찮으니까 둘 중에 하나만 외우고 끝내기 쉽다. '모범 답안만 외우면 적용해서 풀 수 있는 문제가 많을 거야' 또는 '빨리 푸는 법만 외우면 되지. 시험은 제한 시간이 있잖아'라며 핑계를 대고 한쪽을 건너뛰는 것이다.

하지만 둘 다 외워야 한다. 문제에 따라서는 여러 풀이법을 동원해서 응용하며 풀어야 하는 경우도 있다. 결국 지금 푸는 문제보다 한 단계 수준 높은 문제를 풀고 상위권에 진입하려면 그만큼 여러 풀이법에 모두 통달해 토대를 단단히 다져두어야 한다.

문제 유형도 마찬가지다. 기본 문제와 비슷한 '유제'도 모두 풀어야 한다. '이 문제는 아까 푼 것과 같은 공식을 쓰면 되니까 안 해도 된다'라며 건너뛰는 사람이 있다. 이것도 안 된다. 문제에 적용해야 할 공식이 조금만 바뀌어도 못 푸는 사람이 정말 많다. 기본은 같아도 약간씩 변형된 문제를 다양하게 접하는 연습은 응용력을 기르는 데 필수다.

공부는 하기 싫지만 SKY는 가고 싶어

결국 별해와 유제까지 포함해서 모든 풀이법을 확실히 외워야 한다. 진도를 빨리 나가고 싶은 마음은 굴뚝 같겠지만 이것이 장기적으로는 목표하는 실력을 갖추는 가장 빠른 길이다.

♦ ## 풀이를 이해한다는 것의 진정한 의미

수학을 공부할 때 '해법을 통째로 암기하는 건 소용없다. 풀이를 제대로 이해해야 한다'라는 이야기는 다들 한 번쯤 들어보았을 것이다. 옳은 말이다. 수학뿐 아니라 사고력 과목 전반에 해당하는 이야기다. 그렇다면 사고력 과목에서 '이해한다'라는 것은 무슨 뜻일까? 나는 두 가지 의미가 있다고 생각한다.

① 풀이법의 원리를 안다

이것이 보통 사람들이 일반적으로 생각하는 '이해한다'라는 뜻이다. 예를 들어 '34×8'을 계산할 때 보통 손으로 쓰면서 계산해서 272라는 답을 구한다. 곱셈 풀이의 순서를 적용하면 쉽다. 하지만 왜 그 순서대로 계산하면 답이 나오는지 아는 사람은 많지 않다. 원리를 안다는 것은 이런 것이다. 그냥 공식을 외워서 '이 순서대로 계산하면 풀린다'라고 외우는 것이 아니다. '왜 이 순서대로 하면 풀리는가?'까지 고민하고 알아야 한다.

풀이의 원리를 알면 응용력이 쑥 올라간다. 곱셈을 이제 막 배우기 시작한 초등학생도 '34×8'과 같은 '두 자릿수×한 자릿수'의 곱셈 원리를 이해하면, 그보다 더 큰 수의 곱셈 원리도 조금만 연습하면 쉽게 풀 수 있다.

② 문제를 구성하는 세 가지 요소를 유추한다

'이해한다'라는 말에는 문제를 적절한 수준으로 추상화할 수 있다는 뜻도 있다. 사고력 과목의 문제는 세 가지 요소의 조합을 파악하면 풀 수 있다. '조건', '구하는 것', '풀이법'이다. 연습 문제를 반복해서 풀면서 문제에 제시된 이 세 요소를 정확히 찾아내는 수준에 이르러야 한다. 나는 이 과정을 '추상화' 작업이라고 부른다. 문제가 주어졌을 때 이 세 가지를 적절하게 추상화해 내는 수준이 되면 조건이 조금 바뀌더라도 수월하게 풀 수 있다. 이 상태가 되면 비로소 그 문제를 이해했다고 할 수 있다. 다음 예시에서 문제의 세 요소를 찾으며 출제 의도를 제대로 이해해 보자.

[문제] 자동차가 시속 50km로 달리고 있다. 2시간이면 몇 km 까지 갈 수 있는가?

답은 50(km)×2(시간)로 100km다. 이렇게 풀 수 있는 이유는 속도와 시간을 안다는 조건에서, 거리를 구하고 싶으면 속도와 시간을 곱하면 된다고 외워서 알고 있기 때문이다. 따라서 이 문제의 적절한 추상화 결과는 아래와 같다.

- 조건: 속도와 이동 시간을 알고 있을 것
- 구하는 것: 이동한 거리
- 풀이법: 속도와 시간을 곱하기

반면에 추상화가 제대로 이루어지지 않으면 다음과 같이 세 요소를 더 밀도 있게 특정하지 못하고 큰 범주에서 맴돌게 된다.

- 조건: 탈것의 속도와 이동 시간을 알고 있을 것
- 구하는 것: 탈것이 이동한 거리
- 풀이법: 탈것의 속도와 시간을 곱하기

문제에 제시된 자동차를 탈것으로 바꾸었지만 추상화가 부족해서 탈것이 아닌 문제가 나오면 풀 수 없게 된다. 예를 들어 '사람이 시속 4km로 걷고 있다. 2시간이면 몇 km 걸어 갈 수 있는가?'라는 문제에는 대응할 수 없는 것이다.

반면에 추상화가 지나쳐도 문제를 풀 수 없다. 예를 들어 '속도', '이동 시간', '이동한 거리'와 같은 요소를 모두 '수치'로만 특정하고 외우는 경우다. 이런 경우 문제에서 수치가 2개 나오면 무작정 그것들을 곱해서 답을 구하려 한다. 문제에 따라서는 덧셈과 나눗셈이 필요한 경우도 있으므로 이런 경우 또한 정확한 답을 얻을 수 없다.

간단한 문제를 예로 들어서 문제 풀이의 핵심이 되는 요소의 추상화가 어렵지 않다고 느낄 수도 있다. 하지만 문제가 고도로 복잡해지면 당연히 추상화 작업도 어려워져서 헤매게 되는 경우가 많다. 여러분도 **풀이법을 알고 있었는데 적용하지 못해서 틀린 경험이 있을 것이다. 그 이유는 추상화가 적**

절히 이루어지지 못했기 때문이다.

♦ 풀이법을 정확히 이해하면
얻는 두 가지 이점

이제 풀이를 이해하는 것의 두 가지 역할을 정확히 살펴보자. 먼저 첫째는 기억을 보조하는 역할이다. 원리를 알고 있으면 풀이법을 잊어버려도 금방 기억해 낼 수 있다. 풀이 순서 중 하나가 생각나지 않아도 전체 원리를 외우고 있으면 곧 그 순서를 떠올릴 수 있다. 따라서 원리를 잊어버리면 아무것도 할 수 없다. 문제의 해답을 구하는 전체 원리는 절대 잊어버리지 않도록 반복해서 머릿속에 집어넣자.

풀이를 이해하는 과정의 두 번째 역할은 응용력, 즉 미지의 문제에 대한 대응력을 기르는 것이다. 두 자릿수×한 자릿수의 곱셈 원리를 알고 있으면 세 자릿수×한 자릿수나, 세 자릿수×두 자릿수의 곱셈도 풀 수 있다. 또 문제를 보고 조건, 구하는 것, 풀이법 등을 정확히 추상화할 수 있으면 처음 보는 유형의 문제라도 풀 수 있다. 차근차근 조건을 정리해 보면 이미 알고 있던 문제 유형이라는 사실을 깨닫게 되기 때문이다.

♦ 무의식적으로 해법이 떠오를 때까지 반복하여 익힌다

문제 풀이를 이해하는 과정의 중요성은 충분히 깨달았을 것이다. 이제 문제는 '어떻게' 이해하는가다. 앞서 살펴봤듯이 문제를 이해한다는 말은 풀이법의 원리를 아는 것, 그리고 문제의 요소를 적절한 수준으로 추상화하는 것이다. 먼저 풀이법의 원리를 알려면 무작정 풀이 순서만 따라가면 안 된다. 풀이 과정 하나하나가 왜 이 순서로 풀리는지를 스스로 묻고 답할 수 있어야 한다. 이 '왜'라는 질문에 답할 수 없다면 더 자세한 해설지나 잘 아는 사람에게 물어봐서 확실히 이해해야 한다. 지루하고 시간이 걸리는 작업이지만 해야 할 이유는 명확하다.

다음으로 문제를 푸는 데 필요한 요소를 적절하게 추상화하는 과정은 의식적으로 시행착오를 거칠 필요가 있다. 어떤 문제를 접할 때 먼저 그 문제의 조건과 구하는 것을 추상화해 본다. 그리고 연습 문제를 풀 때마다 추상화의 수준이 적정해지도록 머릿속에서 정리한다. 이것을 반복해서 최적의 추상화 수준을 확립해야 한다.

앞서 속도 문제를 다시 살펴보자. '자동차가 시속 50km로 달리고 있다. 2시간 동안 몇 km 달릴 수 있는가?'라는 문제를 풀었을 때 그 조건을 '탈것의 속도와 이동 시간을 알고 있다'라고 추상화했다고 치자. 하지만 다른 문제인 '인간이 시속 4km로 걷고 있다. 2시간이면 몇 km 가는가?'를 풀다 보니 해당 문제 유형은 조금 더 구체적으로 추상화할 수 있다는 사실을 깨달을 수 있다. 속도와 이동 시간이라는 조건을 탈것에만 국한할 필요가 없다는 점이다. 이렇게 다양한 연습 문제를 풀면서 추상화의 정도를 최적화시켜 나간다.

하지만 최적화만으로는 아직 충분하지 않다. **문제의 조건이 복잡하게 얽혀 있어도 필요한 조건만 갖추어지면 그에 맞는 풀이법이 무의식적으로 떠오를 수 있어야 한다.**

달리기도 수영도 올바른 자세를 의식하면서 계속 연습하다 보면 무의식적으로 그 자세로 움직일 수 있게 된다. 사고력이 필요한 문제를 풀 때도 마찬가지다.

풀이법을 외운 지 얼마 안 되었을 때는 추상화된 조건과 구하는 것, 풀이법을 의식해서 문제를 푸는 연습을 한다. 계속 반복해서 풀다 보면 필요한 조건이 갖추어졌을 때 저절로 그 조건으로 구하는 것과 풀이법이 떠오른다. 복잡한 조건의 문제라도 자연스럽게 그 조건에 맞는 풀이법이 생각나게 된다. 이것은 번뜩이는 아이디어가 아니라 **추상화된 조건을 의식하면서 대량의 문제를 푸는 연습을 한 덕분에 익히게 된 것이다.** 이 상태가 되었을 때 비로소 문제 풀이를 '외웠다'고 할 수 있다.

핵심 요약 다양한 연습 문제를 풀고 여러 해설의 해법을 반복하여 살펴보면서 제대로 이해하고 외우자. 연습 문제를 풀 때는 원리까지 외우고, 문제의 3요소(조건, 구하는 것, 풀이법)를 적당한 수준으로 추상화하자. 조건만 갖추어지면 무의식적으로 풀이법이 떠오를 때까지 반복해서 연습 문제를 풀며 각인한다.

스스로 생각하는
힘을 키운다

◆ ## 고난도 문제도
포기하지 않는다

문제집을 풀다 보면 어떤 문제는 어떻게 풀어야 할지 짐작도 되지 않고 해설을 봐도 무슨 소리인지 잘 이해되지 않는 경우가 있다. 소위 고난도 문제다. 사고력 과목이 약한 사람은 다른 과목에서 점수를 딸 요량으로 대충 건너뛰기도 한다. 시험에 출제되지 않을 정도의 극악한 난이도라면 무시해도 되지만 그렇지 않다면 무작정 버릴 수는 없다.

어려운 문제라고 하는 것들은 대부분 둘 중 하나다. 연습해도 좀처럼 풀 수 없는 문제와 어렵긴 해도 연습하면 해결할 수 있는 문제다. 전자의 경우, 해당 문제에만 적용되는 특별한 풀이법이 필요하므로 그 방법을 모르거나 떠올리지 못하면 손쓸 도리가 없다. 이런 문제를 풀 수 있는 사람은 극소수지만 또 이런 문제를 반드시 풀어야 합격하는 시험도 거의 없다. 도쿄대학교의 입시조차 이런 문제는 못 풀어도 합격할 수 있다.

반면, 후자의 경우 문제 자체는 복잡하고 생각할 것이 많지만 차근차근 풀이법을 적용하면 해결할 수 있다. **시간은 걸려도 꾸준히 연습하면 충분히 풀 수 있는 문제다.** 그럼에도 많은 사람이 제대로 연습하지 않고 포기한다. **이 유형의 문제를 풀어낼 수 있으면 경쟁자들과 큰 격차를 만들 수 있다.** 더 나아가 현재의 목표 수준을 한 단계 끌어올릴 수도 있다. 지금보다 높은 수준의 학교나 자격증 시험에 합격할 가능성이 커지고, 더 어려운 기술을 익히면서 인생의 가능성까지 넓힐 수 있다.

어려운 문제도 풀어내는
두 가지 방법

어렵지만 연습하면 해결할 수 있는 수준의 문제를 시험에서 만났을 때 놓치는 이유는 풀 수 없는 문제여서가 아니라, 풀려고 하지 않았기 때문이다. 생각해야 할 요소가 많으니 머릿속이 복잡해져서 결국 생각하기를 포기해 버린다. 이런 유형의 문제는 다음과 같은 특징이 있다.

① 사고 과정의 단계가 많다
② 사고의 가지치기가 많다

①번 사고 과정의 단계는 '기본 풀이법을 몇 개 연결해야 문제가 풀리는가'를 기준으로 한다. 기본 문제는 'A이면 B'라는 풀이법을 한 단계만 생각하면 답이 나온다. 그리고 이때 B라는 결론을 바탕으로 다시 다른 문제의 풀이법을 이용해서 C라는 결론을 내면 2단계 사고를 하는 것이다.

사고 과정의 단계가 한 번만 필요한 문제는 비교적 쉽게 풀 수 있다. 하지만 2단계 이상이 필요해지면 정답률이 급격히 떨어진다. 3, 4단계로 복잡해지면 풀 수 있는 사람이 극히 드물다. 가장 큰 이유는 사고의 흐름이 도중에 끊기기 때문이다. 보통 2, 3단계까지는 생각해 보지만, 더 깊이 고민해야 하는 순간이 오면 쉽게 포기해 버린다. 그러나 실제로는 딱 한두 단계만 더 생각하면 해결할 수 있는 경우가 많다. 이러한 문제를 풀어내려면 사고 지속력을 길러야 한다. 즉, 포기하지 않고 끝까지 생각하는 힘이 중요하다.

②번 **사고의 가지치기란, 조건이 광범위해서 이해하기 어려울 때 더 세분화해서 풀이에 적용하는 과정이다.** 예를 들어 '인간은 꿈을 지녀야 할까?'라는 질문을 생각해 보자. 인간은 매우 다양한 존재이므로 한마디로 답하기 어렵다. 그때 '인간'이라는 조건을 어린이, 학생, 사회인, 노인 등 다양한 경우의 수로 나눈다. 그리고 각각에 대해 '꿈을 지녀야 할까?'를 대입해 본다. 그러면 문제를 더 구체적이고 정확하게 정리할 수 있다. 이러한 과정이 사고의 가지치기다.

실제 문제도 조건이 복잡하거나 광범위한 경우가 많다. 그럴 때는 조건을 명확하게 분석한 뒤, 여러 개의 작은 부분으로 쪼개서 단계별로 기본 문제의 풀이법을 적용하면 풀린다.

공부는 하기 싫지만 SKY는 가고 싶어

하지만 이런 문제가 나오면 대부분 머리가 하얘진다. 조건이 너무 넓고 복잡해서 어디서부터 손을 대야 할지 막막하기 때문이다. 설령 조건을 상황별로 나누면 풀 수 있을 것 같더라도 너무 오래 걸릴까 봐 미리 포기하는 경우도 많다.

하지만 냉정하게 보면 ①번 사고 과정의 단계가 많아지는 경우도 ②번 사고의 가지치기가 필요한 경우도 **특별한 아이디어는 필요하지 않다. 기본 문제의 풀이법을 여러 번 조합하면 풀 수 있는 문제다.** 다만, 일반적인 문제보다 몇 배는 더 오래 고민해야 하므로 그것이 힘들어서 처음부터 포기할 뿐이다. 결국 이러한 문제를 풀어내기 위해서는 오랜 시간 생각하는 훈련, 즉 사고 지속력을 기르는 연습이 필요하다.

◆   # 지속 가능한
                               # 사고력을 키우자

결국 사고 과정의 단계가 많고 가지치기도 많은 문제를 겁먹지 않고 차분히 풀어내는 해결책은 **사고 지속력**을 단련하는 것이다. 내 경험상 대부분의 사람이 한 가지 문제를 깊이,

그리고 지속해서 생각할 수 있는 시간은 3분도 채 되지 않는다. 처음에는 '생각할 게 많을 것 같다'라며 시작하지만 중간에 그만두는 사람이 태반이다. 솔직히 너무 아깝다. 생각하면 할수록 사고 지속력, 즉 계속 생각할 수 있는 힘이 자라기 때문이다.

사고 지속력을 기르기 위해서는 단순한 공식 대입으로 풀리지 않는 심화 문제, 사고 과정의 단계도 가지치기도 많은 문제를 많이 연습하는 것이 효과적이다. 이때 바로 해답을 보기보다 기존에 아는 지식으로 최대한 풀 수 있는 곳까지 도달해 보자. 그 밖에도 평소 뉴스나 타인과의 대화에서 의문이 생기면 바로 해답을 찾지 말고 되도록 이유를 깊이 조사하는 것도 도움이 된다. 자기 나름의 답을 찾아가는 습관이 사고 지속력을 키우는 데 효과적이다.

핵심 요약

연습하면 풀 수 있게 되는 난이도의 문제는 많다. 사고의 단계나 가지치기가 많기는 하지만 들여다보면 모두 기본 문제 풀이의 조합이다. 이 같은 문제 유형까지 정복하려면 우선 해당 유형의 문제를 많이 풀어봐야 한다. 동시에 평소에도 모르는 문제를 찾아보기 전에 스스로 생각해서 답을 구하는 훈련이 필요하다.

"공부해야 할 이유를 찾으면
꿈이 현실이 된다!"

독해 과목의 공부법을 터득하면
다음과 같은 시험에 활용할 수 있다.

- 대학 입시: 비문학(논설문), 영어(장문 독해)

- 자격시험: 공무원 시험(문장 이해, 영어), 교원 임용 시험(소논문), 사법시험(논문), 법무사 시험(논문), 변리사 시험(논문), 기타 장문의 읽고 쓰기가 필요한 시험 전반

- 전 시험 공통: 소논문, 면접(논리적인 질의응답)

어려운 문장도
쏙쏙 이해하는 비법

◆

사고력도
훈련으로 길러진다

내가 대학 입시를 준비할 때 비문학 영역의 성적이 다른 교과목에 비해 낮은 편이었다. 또한 점수가 들쑥날쑥해서 안정적이지 않았다. 비문학 참고서를 몇 회독이나 해도 별로 나아지지 않았다. 글을 읽거나 설명하는 능력도 부족했는지 주변에서 내가 하는 말을 이해하기 어렵다는 말도 자주 들었다.

하지만 직장에 들어가고 경영 컨설턴트로 일하기 시작하면서 나 자신도 놀랄 만큼 문장 독해 실력이 향상되었고 상대가 알아듣기 쉽게 이야기하는 법도 깨쳤다. 과외를 하면서 대입 시험의 비문학 지문을 풀 때도 있는데 거의 틀린 적이 없다.

내가 이처럼 바뀔 수 있었던 이유는 경영 컨설턴트로 일하면서 논리적 사고력을 철저히 단련한 덕분이다. 실제 경험한 결과 비문학, 특히 논설문의 독해는 훈련하면 실력이 무조건 향상된다고 자신 있게 말할 수 있다.

지금부터 소개할 독해 과목의 공부법은 대학 입시나 자격증 공부뿐 아니라 직장인이 평소 접할 업무 보고서와 전공 분야의 논문, 비즈니스 문서까지 폭넓게 적용할 수 있다. 다양한 분야의 글들을 신속하고 정확하게 읽기 위한 공부법을 알아보자.

◆ 글의 핵심을 파악하는 '피라미드 읽기'

내가 경영 컨설턴트로 일하기 시작했을 때 제일 먼저 배운 것이 문장을 논리적으로 쓰는 법이었다. 우리 회사가 제시하

공부는 하기 싫지만 SKY는 가고 싶어

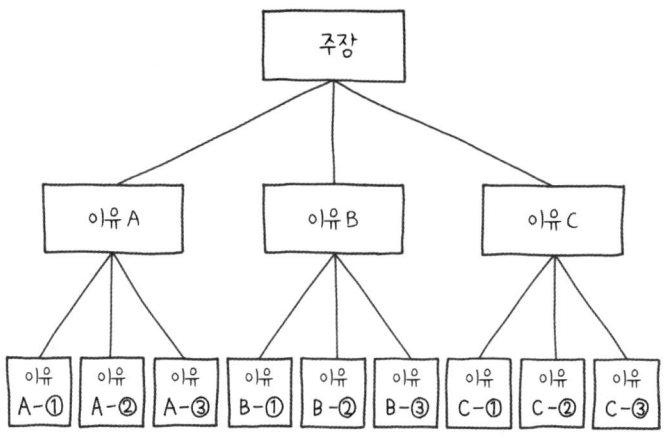

는 전략을 고객이 채택하도록 만들려면 무엇보다 알기 쉽고 설득력이 있는 문장으로 생각을 전달해야 한다.

논리적인 문장은 하나의 주장을 정점으로 하는 피라미드 구조로 이루어진다. 피라미드의 꼭대기에 주장이 있고 그 아래로 주장을 뒷받침하는 이유 A, B, C가 있다. 이유 A는 다시 이유 A-①, A-②, A-③으로 뒷받침된다. 피라미드 구조는 보통 3단계로 이루어지지만 필요에 따라서 4, 5단계까지 깊게 파고들 수도 있다.

피라미드 구조를 제일 먼저 제창한 사람은 작가이자 컨설턴트인 바바라 민토(Barbara Minto)다. 세계 1위 컨설팅 그

룹인 맥킨지 그룹에서 최초의 여성 컨설턴트로 활약한 사람으로 그의 저서 『바바라 민토, 논리의 기술(The Minto Pyramid Principle)』은 논리적 글쓰기의 교과서로 평가된다.

내가 실제 사회생활을 하며 깨달은 점은 **글을 쓸 때는 물론 읽을 때도 피라미드 구조를 활용하면 도움이 된다**는 것이다. 피라미드 구조를 활용하면 글의 핵심을 놓치지 않으면서 동시에 전체 흐름을 머릿속에서 정리하며 읽을 수 있다. 글의 의도를 파악하는 데 필요한 부분에만 집중하기 때문에 **빠르게 읽을 수 있고**, 전체 흐름을 확실히 파악하면서 읽기 때문에 내용도 정확히 기억할 수 있다. 이처럼 나는 **피라미드 구조를 이용해서 글을 분석하며 읽는 방법을 '피라미드 읽기'**라고 부른다.

글은 제각각 주장과 이유를 배열하는 방법이 다양하다. 어떤 글은 처음에 주장이 나오고 그다음에 이유 A가 제시된다. '다음은 이유 B가 오겠지' 하고 있으면 갑자기 이유 A-①를 설명하고 다시 주장을 반복한다. 이런 글은 아무 생각 없이 읽다 보면 '지금 여기서 이게 왜 나와?' 하고 길을 잃은 느낌이 든다. 그때 **머릿속에서 피라미드 구조를 만들며 읽어나가면 이 피라미드가 지도 같은 역할을 해준다.** 지금 읽는 문장

공부는 하기 싫지만 SKY는 가고 싶어

이 글 전체에서 어디에 해당하는지를 분명히 알 수 있어서 문장의 미로에서 헤매지 않고 읽어나갈 수 있다.

◆ 피라미드 읽기로 가는 세 단계

그렇다면 이 피라미드 읽기를 잘하려면 어떻게 해야 할까? 우선 글을 읽으면서 피라미드 구조를 종이에 직접 그려보자. 상당히 효과적인 연습인데 제대로 하려면 2, 3줄 정도로 된 문장 덩어리의 의미를 정확하게 이해하고 있어야 한다. 이때 거쳐야 할 단계는 ① 어휘력 늘리기, ② 호응 관계 파악하기, ③ 접속사의 전후 문맥 이해하기다.

가장 먼저 어휘력 늘리기 단계를 거쳐야 한다. 글의 논점을 제대로 이해하려면 그 글에 나오는 단어의 의미를 모두 알고 있어야 한다. 따라서 어휘력을 키우는 것이 중요하다. 이를 위해 평소 글을 읽을 때 모르는 단어는 즉시 찾아보는 습관을 들이자. 인터넷 검색이나 사전을 이용해서 정확한 뜻과 용례를 익혀야 한다. 힘들고 지루한 과정이지만 어휘량을 확장하는 데 가장 효과적인 방법이다.

평소 책을 꽤 읽거나 줄글을 자주 접하는 사람은 그 기회를 이용해서 어휘량을 늘리자. 별로 글을 읽지 않는다면 관심 있는 분야의 도서를 찾아 읽으면 좋다. 글의 수준은 너무 쉽지도 어렵지도 않고, 가끔 모르는 단어가 나오는 정도가 좋다. 신문이나 인터넷 기사를 활용하는 것도 추천한다.

그다음으로 거쳐야 하는 단계는 호응 관계 파악하기다. 호응이란 '주어와 술어', '수식어와 피수식어'와 같이 단어와 단어 사이의 관계를 말한다. 문장의 의미를 제대로 이해하려면 단어의 뜻만 알아서는 부족하다. 호응 관계에 따라 같은 문장도 뜻이 달라질 수 있으므로 이를 정확히 파악해야 한다.

예를 들어 '나는 꽃을 좋아하는 아름다운 당신을 좋아한다'라는 문장이 있다고 해보자. 여기서 '아름다운'이 꾸미는 말은 '당신'밖에 될 수 없다. 하지만 '나는 아름다운 꽃을 좋아하는 당신을 좋아한다'라면 어떨까? '아름다운'이 수식하는 것은 '꽃'일 수도 있고 '(꽃을 좋아하는)당신'일 수도 있다.

문장 독해에서는 이처럼 호응 관계의 여러 가능성을 알아내고 앞뒤 문맥을 통해 글쓴이의 의도를 정확히 파악하는 것이 중요하다.

공부는 하기 싫지만 SKY는 가고 싶어

피라미드 읽기의 마지막 단계는 접속사의 전후 문맥 이해하기다. 접속사란 '하지만', '그러므로', '따라서'처럼 문장과 문장이 어떻게 연결되는지를 나타내는 단어다. 문장 덩어리의 의미를 정확히 파악하려면 접속사를 특히 주의해야 한다. 한 문장의 의미를 바르게 파악해도 다른 문장과의 관계를 이해하지 못하면 전체의 의미를 알기 어렵다.

호응 관계나 접속사를 익히는 데 가장 효과적인 방법은 작문 연습이다. 논리적인 문장을 구사하려면 이 두 가지를 제대로 활용해야 한다. 호응 관계와 접속사를 신경 쓰면서 작문 연습을 하면 읽을 때도 자연스럽게 호응과 접속사에 주의하게 된다. 더 구체적인 작문 연습법은 3장 마지막 부분인 〈작문 연습으로 독해력까지 잡는다〉를 살펴보자

핵심 요약	머릿속에 피라미드 구조를 만들면서 읽는 '피라미드 읽기'가 가능해지면 어려운 문장도 신속하고 정확하게 이해할 수 있다. 이를 위해서는 글을 읽으며 피라미드 구조를 분석하는 연습과 어휘력 강화, 작문 연습이 효과적이다.

글의 핵심을 간파하고 기억하는 법

♦ ## 귀납적 논리로 쓰인 글의 특징

피라미드 읽기 방식으로 글을 읽으면 핵심 내용을 놓치지 않고 전체 흐름을 머릿속에서 정리할 수 있다. 글에서 피라미드 구조가 어떻게 구성되는지 구체적으로 알아보자. 앞에서 언급한 『바바라 민토, 논리의 기술』의 내용 중에서 핵심만 정리해서 소개한다.

논설문에서 글쓴이는 자신의 생각을 논리적으로 설명하고

주장한다. 논리를 전개하는 방법은 크게 '구체와 추상의 논리'와 '직선의 논리'로 나뉜다. 이를 다른 말로 하면 '귀납적 논리'와 '연역적 논리'다.

먼저 **귀납적 논리는 다수의 구체적인 사례에서 공통되는 요소를 뽑아서, 즉 추상화해서 결론을 끌어내는 논리다.** 예를 들어 '서울시의 가구 소득은 높다', '경기도의 가구 소득은 높다', '인천광역시의 가구 소득은 높다'라는 세 가지 구체적인 사례를 바탕으로 '수도권 지역의 가구 소득은 높다'라는 결론을 끌어낼 수 있다. 각각 서울, 경기도, 인천에서 수도권이라는 공통점을 추상화하는 것이다.

| 귀납적 논리의 예시 ① |

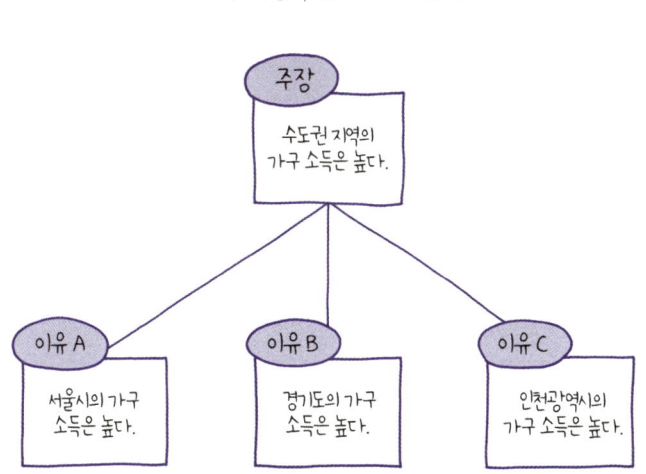

피라미드 구조에서 주장은 맨 위에 쓰고 주장을 뒷받침하는 이유는 그 밑에 쓴다. 귀납적 논리에서 주장은 결론 그 자체이며 구체적인 사례는 주장을 뒷받침하는 이유가 된다. 따라서 귀납적 논리로 쓰인 글을 피라미드 구조로 나타내면 추상화한 결론(주장)을 맨 꼭대기에 쓰고 그 아래에 이유가 되는 구체적인 사례를 배열한다.

주장과 이유가 각각 추상과 구체의 관계라는 설명이 잘 이해되지 않을 수도 있다. 다음 글을 피라미드 구조로 살펴보면 조금 더 알기 쉽다.

바나나는 서민의 친구다. 왜냐하면 일단 바나나는 싸다. 3000원만 있으면 한 송이를 사서 가족 모두가 맛있게 먹을 수 있다. 둘째, 바나나는 영양가가 높다. 칼륨, 식이섬유, 비타민과 같은 영양소를 균형 있게 포함하고 있다. 마지막으로 바나나는 맛있다. 말로 표현하기 어려운 적당한 단맛이 있다.

이 글을 피라미드 구조로 나타내면 다음과 같이 정리할 수 있다. 두 번째 단에 적힌 각각의 이유가 바나나의 구체적인 특징으로 맨 위의 주장을 구체화한 대상이다.

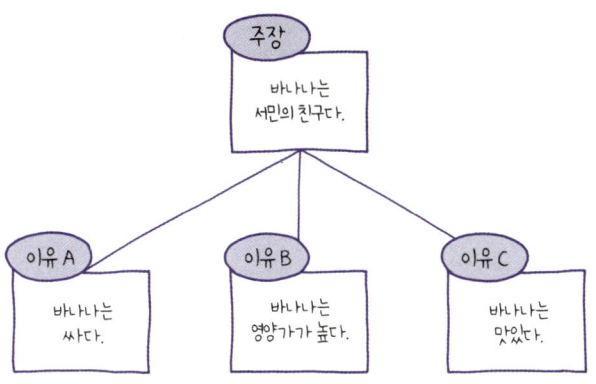

♦ ## 연역적 논리로 쓰인
글의 특징

반면 **연역적 논리는 여러 전제로부터 결론을 이끌어낸다.**
삼단논법이 연역적 논리의 대표적인 예다. 일반론을 먼저 제
시하고 구체적인 사실을 말한 뒤 일반론을 그 사실에 적용해
서 결론을 도출하는 방식이다. 예를 들면 '새는 하늘을 난다
(일반론)' → '나는 새다(구체적인 사실)' → '그러므로 나는 하늘
을 난다(결론)'라는 식으로 이야기를 전개한다. 일반론과 구체
적인 사실이라는 두 개의 전제에서 결론을 끌어내는 것이다.

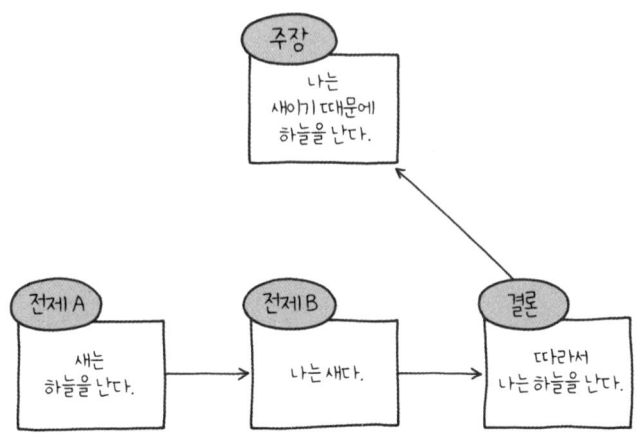

앞서 설명한 것처럼 피라미드 구조에서 글의 주장은 꼭대기에 쓴다. 연역적 논리의 주장은 전제에서 결론을 정리한 것이 된다. 앞서 살펴본 삼단논법의 예시에서 주장은 '나는 새이기 때문에 하늘을 난다'가 된다. 다만 이것은 어디까지나 원칙이고 실제 글에서는 결론만 반복해서 주장하거나 전제와 결론을 다른 표현으로 바꾸어 주장하는 경우도 있으니 유의한다.

피라미드 구조의 하부에는 주장을 뒷받침하는 이유나 근거를 쓴다. 연역적 논리에서는 전제와 결론이 모두 주장을 이끌어내기 위한 근거가 되기 때문에 주장의 하부에 나란히 늘

공부는 하기 싫지만 SKY는 가고 싶어

어놓는다. 나아가 귀납적 논리처럼 주장과 그 이유를 각각 선으로 연결하는 것이 아니라 각각의 전제와 결론, 주장을 순서대로 화살표로 연결한다. 이것은 전제와 주장이 직접적으로 연결되지 않고 최초의 전제를 출발점으로 한 일련의 흐름으로 주장에 도달하는 과정을 나타내는 것이다.

주의해야 하는 점은 연역적 논리는 삼단논법에 국한되지 않는다는 사실이다. 삼단논법이 대표적인 예이기는 하지만, 여러 변형이 있다. 앞의 예시에서 '나는 하늘을 난다'에 이어서 '따라서 나는 다리를 건널 필요는 없다'라는 결론이 올 수도 있다. 이 경우 피라미드 구조로는 전제에서 결론까지 네

| 연역적 논리의 예시 ② |

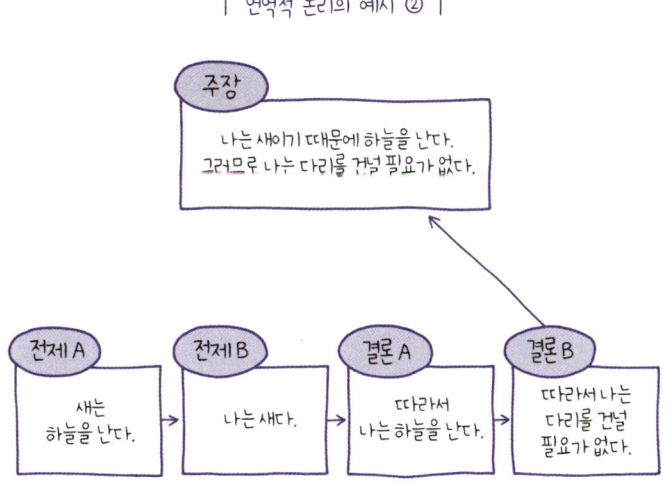

개의 상자가 나란히 늘어서고 그 위에 주장이 적힌 상자가 있는 그림이 된다. 이처럼 연역적 논리라는 것은 몇 가지 전제로부터 결론을 도출하고 또 그 결론을 전제로 다음 결론을 끌어내는 식으로 전제와 결론을 연속적으로 이어간다.

◆ 논리 방식은 이유(전제)의 개수로 파악한다

아무리 복잡한 글도 귀납적 논리와 연역적 논리라는 두 종류의 피라미드 구조로 이루어진다. 피라미드 읽기를 할 때 가장 먼저 해야 할 일은 글쓴이가 결론을 끌어내기 위해 사용한 논리가 둘 중에 무엇인지 판단하는 것이다.

이 둘의 가장 큰 차이는 결론을 직접 뒷받침하는 이유의 개수다. 이유가 여러 개라면 귀납적 논리, 단 하나면 연역적 논리다.

귀납적 논리로 짜인 글은 이유에서 공통적인 정보를 추출한 것이 결론이 되므로, 반드시 여러 개의 이유가 존재한다. 예를 들면 '서울의 가구 소득은 높다. 따라서 수도권의 가구 소득은 높다'라는 문장은 귀납적 논리를 사용하지만 설득력이 떨어진다. '수도권의 가구 소득은 높다'라는 결론을 끌어내기 위한 구체적인 사례가 '서울시의 가구 소득은 높다'라는 단 하나뿐이기 때문이다. 그때 '그럼, 경기도는 어때?', '다른 수도권 지역은 어때?'라는 질문에 답하는 구체적인 예시를 많이 제시할수록 설득력이 크게 올라간다.

반면 연역적 논리에서 결론을 뒷받침하는 직접적인 이유는 하나뿐이다. 앞의 예를 살펴보자. '새는 하늘을 난다. 나는 새이다. 따라서 나는 하늘을 난다'라는 문장이었다. 연역적 논리의 예시 ① 그림에서 알 수 있듯이 '나는 하늘을 난다'라는 결론을 뒷받침하는 직접적인 이유는 '나는 새다'라는 하나의 문장뿐이다.

여기서 전제인 '새는 하늘을 난다'도 '나는 하늘을 난다'라는 결론의 직접적인 이유가 될 수 있지 않을까? 하지만 이 두 문장을 인과관계로 이었을 때 '새가 하늘을 날기 때문에 나는 하늘을 난다'라는 문장이 되므로 납득하기가 어렵다. 그러므로 전제 '새는 하늘을 난다'는 결론 '나는 하늘을 난다'의 직접적인 이유는 아닌 것이다. 전제 '새는 하늘을 난다'의 역할은 이유 '나는 새다'에서 '나는 하늘을 난다'라는 결론을 끌어내는 연결을 더 단단하게 해주는 것에 불과하다.

♦ 피라미드 읽기를 연습하기에 좋은 자료의 네 가지 조건

머릿속으로 피라미드 구조를 만들면서 글을 읽는 과정을 구체적으로 살펴보자. 일단 연습에 활용할 줄글이 필요하다. 피라미드 읽기를 연습하기 좋은 글감으로 인터넷에서 무료로 읽을 수 있는 《거의 일간 이토이 신문(www.1101.com)》을 추천한다. 그중 〈오늘의 그대〉 코너에 올라오는 글들이 피라미드 읽기를 연습하는 데 안성맞춤이다. 유명 카피라이터이자 수필가인 이토이 시게사토(糸井重里)가 매일 에세이를 써서 업로드하고 있다.

피라미드 읽기를 연습하는 데 활용할 글은 다음 네 가지 조건을 갖춰야 한다.

① 글쓰기의 전문가가 썼다.
② 3분 안에 읽을 수 있는 길이로 이루어졌다.

공부는 하기 싫지만 SKY는 가고 싶어

③ 단순한 어휘를 사용했다.

④ 주장이 담겨 있다.

①번은 당연히 수준 높은 문장으로 연습하는 게 도움이 되기 때문이다. ②번은 연습을 매일은 아니더라도 더 자주, 그리고 계속하려면 너무 긴 문장은 부담스럽기 때문에 읽는 데 3분 정도 걸리는 글이 적당하다. ③번은 피라미드 구조를 머릿속에 만들면서 읽는 데 집중하려면 막힘없이 읽혀야 하기 때문이다. 어려운 문구나 어휘가 있으면 신경이 쓰여서 피라미드 구조에 집중할 수 없다. ④번은 논리와 전개를 따라가려면 주장하는 내용이 반드시 있어야 하기 때문이다. 세상에는 주장이 담기지 않은 글도 있다. 그저 사실만 나열한 뉴스나 두서없는 일기와 같은 글이다. 그런 문장에는 논리가 존재하지 않으므로 논리 구조를 따라가며 분석하는 연습은 할 수 없다.

앞의 네 가지 조건을 갖춘 글로 신문에 연재되는 칼럼을 활용하는 것도 좋다. 인터넷에서 검색하면 무료로 읽을 수 있는 칼럼이 많이 있다. 대형 신문사의 칼럼이라면 글쓰기 전문가인 기자나 편집자가 쓴 문장이므로 좋은 연습 자료가 된다. 다만 역시 문장이 딱딱하고 매일 계속하기가 어려울 수 있으니 이 점에 유의하며 네 가지 조건을 충족하는 글을 찾아 읽기를 바란다.

◆ 피라미드 읽기의 실전 연습 예시

다음은 2023년 6월 5일 〈오늘의 그대〉 코너에 실린 글이다. 글의 구조를 파악하기 쉽도록 전제, 결론, 주장 등을 모두 미리 찾아 표시해 두었다. 글을 먼저 쭉 읽은 다음, 이어지는 해설에 따라 상세한 논리 방식을 분석하고 피라미드 구조로 정리해 보자.

자, 〈오늘의 그대〉를 '허락해 주신다면' 제가 써보겠습니다. 이렇게 써도 요즘은 별로 부담스럽지 않은 모양이다. → 전제 A의 이유 ① 사실 '〈오늘의 그대〉를 쓰겠습니다'로 충분하다. '허락해 주신다면'이라는 군더더기는 필요 없다. 그런데 세상이 어느새 '허락해 주신다면' 하겠다는 말로 가득해졌다. → 전제 A '허락해 주신다면 제가 제안해 보겠습니다', '허락해 주신다면 한말씀 여쭙겠습니다' 모두 이런 식으로만 말한다. 자신을 낮추는 공손한 말투지만 그보다는 왠지 '댁이 하라고 해서 하는 거니까요'라고 책임 비슷한 것을 지고 싶지 않다는 태도가 엿보인다. → 전제 B의 이유 ①

물론 뭐든지 '내가 정했다'라고 말하기는 어렵다. 또 의지가 강한 인간인 척 드러낼 필요도 없다. 그래도 뭐든지 상대에게 결정을 미루는 태도는 아쉽다.

면접 합격법, 인간관계 기술, 보고서 작성법을 '제안'하고 '문의'하면서 → 전제 A의 이유 ② 모든 판단을 내가 아닌 상대방과 사회가 하는 세상에 →전제 B의 이유 ② 다들 슬슬 지칠 만하다. → 전제 B '허락해 주신다면 해보겠습니다', '어떠실까요?'가 난무하는 시대에도 내 의지를 더 드러내어 '나는 이렇게 한다', '이렇게 하고 싶다'라는 말을 조금씩 늘려가는 연습이 필요하다. → 결론 A 정말로 '허락해 주신다면 해보겠습니다', '어떠실까요?'라고 말해야 하는 경우와 자신이 '이렇게 하겠다'라고 정해도 되는 경우를 잘 구별하는 것부터 시작하자. → 결론 B

나도 원래 내 의견을 잘 내는 편은 아니라서 '이렇게 하겠다'라고 굳이 강조할 생각은 없었다. → 결론 B의 이유 ① 그저 상대방이나 세상의 개입 없이 스스로 정할 수 있는 일은 무엇일지를 문득 고민해 보고 싶었을 뿐이다. 그랬더니 남에게 피해를 주지 않는다면, 내가 <u>스스로 '이렇게 하겠다'라고 말할 수 있을 것 같았다.</u> → 결론 B의 이유 ② <u>생각보다 스스로 정할 수 있는 일은 많다.</u> → 결론 B의 이유 ③ 이 글을 읽고 있는 여러분도 시작해 보면 어떨까?

<u>**스스로 결정하는 일은 책임이 따르기는 하지만 소중히 지켜야 할 일이다.**</u> → 주장

글을 읽으면서 피라미드 구조를 만들 때 우선 글쓴이가 가장 전하고 싶은 내용, 즉 결론이 무엇인지를 생각하면서 읽는다. 문장의 목적지(=결론)를 안 상태에서 앞의 문장을 다시 읽으면 목적지까지 가는 길(=논리를 전개하는 방법)이 뚜렷하게 보이기 때문이다.

그렇다면 위 글의 결론은 무엇일까? 결론이 제시되는 위치는 글마다 다르다. 처음부터 나오기도 하고 끝에 가서 나올 때도 있다. 이 글에서는 '이게 결론이다'라고 확신할 수 있는 내용이 초반에는 보이지 않는다. 잠시 더 읽어보자. 드디어 결론으로 짐작되는 부분이 보인다.

'결론 A'라고 표시된 문장이다. '필요하다'라는 단정적인 표현을 읽고 이것이 결론이라고 짐작할 수 있다. 결국 이 글의 결론은 '자신의 의지로 하는 일을 늘려나가야 한다'라는 것이다.

결론을 찾았으니 앞의 문장을 다시 읽어보자. 이때 글쓴이가 논리를 전개하는 방법으로 '귀납적 논리'와 '연역적 논리' 중에서 어느 쪽을 사용했는지 생각하면서 읽는다. 구별 포인트는 결론을 직접 뒷받침하는 이유의 개수였다. 여러 개면 '귀납적 논리', 하나면 '연역적 논리'다.

다시 읽을 때는 처음부터가 아니라 결론 근처부터 거슬러 올라간다. 결론을 끌어내는 이유(근거)를 찾기 위해서다. 보통은 결론 부근에 제시된다. 결론 A의 행에서 되짚어 읽다 보면 바로 근처에서 힌트를 찾을 수 있다. '전제 B'라고 표시된 행이다.

내용을 정리하자면 뭐든지 '허락해 주신다면 하겠다'라고 물어봐야 하는 세상은 피곤하다는 이야기다. 이를 '전제 B'라고 하자. 보통 글에서 독자들에게 건네는 질문은 글쓴이의 주장과 관련 있는 주요한 내용을 포함하는 경우가 많다. 위 문장을 살펴보면 전제 B가 결론 A의 이유라는 사실을 알 수 있다. 뭐든지 '허락해 주신다면 하겠다'라는 세상은 지친다(전제 B). 따라서 자신의 의지로 하는 일을 늘리자(결론 A)는 것이다.

여기서 더 위로 올라가도 결론 A를 뒷받침하는 직접적인 이유는 찾을 수 없다. **결론을 뒷받침하는 직접적인 이유가 하나이므로 결론 A는 연역적 논리로 전개되었음을 알 수 있다.** 연역적 논리는 여러 개의 전제에서 결론을 끌어낸다. 그러므로 전제 B는 결론 A를 끌어내기 위한 전제였다는 것을 알 수 있다. 결론 A의 직접적 이유는 전제 B밖에 없지만 대신 **글쓴이가 바라본 세상의 대전제**가 쓰여 있다. 다음은 전제 A의 문장이다.

세상이 어느새 '허락해 주신다면' 하겠다는 말로 가득해졌다.

→ 전제 A

　　　　　　　　　공부는 하기 싫지만 SKY는 가고 싶어

이런 대전제는 연역적 논리에서 사용되는 경우가 많다. 전제 B와 결론 A는 위의 전제 A 덕분에 더 밀접하게 연결된다.

요즘 세상이 '허락해 주신다면' 하겠다는 말로 가득해서(전제 A), 뭐든지 남의 허락을 구하는 것은 지치니까(전제 B), 내 의지로 하는 일을 늘리고 싶다(결론 A)는 것이다. 따라서 전제 A도 연역적 논리로 이어진다는 점을 알 수 있다.

여기까지 전개된 연역적 논리 구조를 정리하면 다음과 같다.

| 〈오늘의 그대〉의 피라미드 구조 (중간 과정①) |

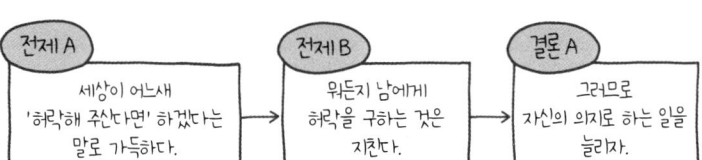

여기까지 구조를 이해했다면 세부 내용까지 피라미드 구조로 정리해 보자. 지금까지 읽은 글 속에서 각각의 전제를 뒷받침하는 이유를 찾는다. 우선 전제 A "세상이 어느새 '허락해 주신다면 하겠습니다'라는 말로 가득해졌다"의 이유는 두 가지를 찾을 수 있다. 첫 번째는 이 글의 첫 문장이다.

> 자, 〈오늘의 그대〉를 '허락해 주신다면' 제가 써보겠습니다. 이렇게 써도 요즘은 별로 부담스럽지 않은 모양이다. → 전제 A의 이유 ①

원래는 단지 '쓰겠습니다'라고 하면 되는데 요즘은 앞에 '허락해 주신다면'을 붙여도 별로 부담스럽지 않을 정도로 남의 허락을 구하는 표현에 익숙해졌다는 이야기다.

이어서 두 번째 이유는 네 번째 문단에 제시되었다.

> 면접 합격법, 인간관계 기술, 보고서 작성법을 '제안'하고 '문의' 하면서 → 전제 A의 이유 ②

'제안'이나 '문의'는 상대의 허락이 필요한 행위이므로 '허락해 주신다면' 하겠다는 표현을 구체적인 행위로 나타낸 예시다. 따라서 제안이나 문의한다는 말은 전제 A '세상이 어느새 '허락해 주신다면' 하겠다는 말로 가득해졌다'를 뒷받침하는 이유가 된다. 또 이 이유에 대해 면접 합격법이나 인간관계 기술과 같이 한층 구체적인 사례가 열거되었다. 여기까지 내용을 피라미드 구조로 나타내면 다음과 같다.

| 〈오늘의 그대〉의 피라미드 구조 (중간 과정 ②) |

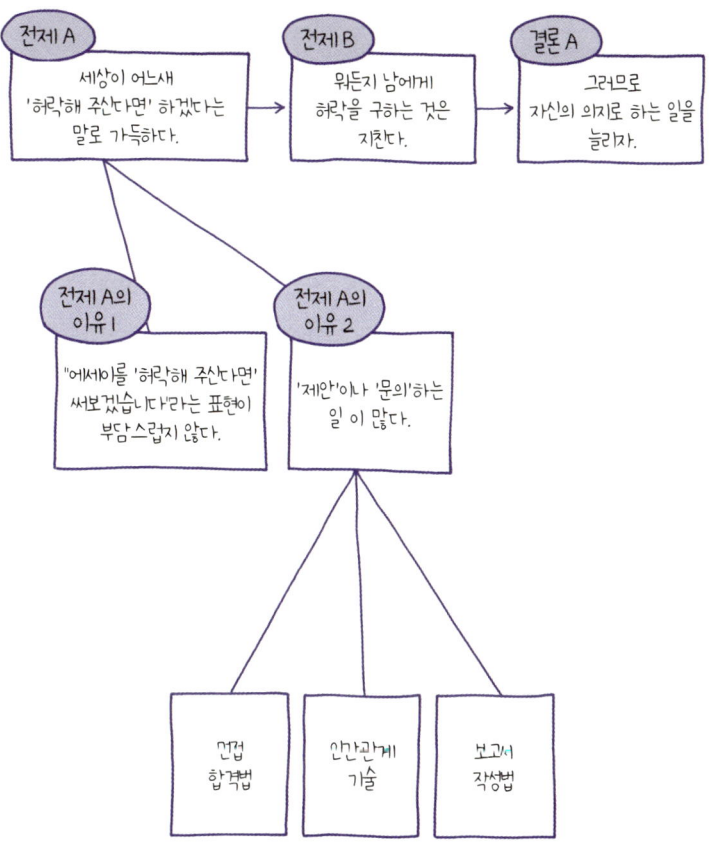

다음으로 전제 B의 이유를 찾아보자. 전제 B의 바로 앞에
이런 문장이 보인다.

모든 판단을 내가 아닌 상대방과 사회가 하는 세상에 → 전제 B의
이유 ② 다들 슬슬 지칠 만하다. → 전제 B

다시 말해 '허락해 주신다면 제가 해보겠습니다'만 쓰다 보니 뭘 하든지 일일이 타인의 판단에 따라야 하는 것처럼 느껴져서 지친다는 이야기다. 글의 앞부분을 조금 더 살펴보면 이런 문장도 찾을 수 있다.

그보다는 왠지 '댁이 하라고 해서 하는 거니까요'라고 책임 비슷한 것을 지고 싶지 않다는 태도가 엿보인다. → 전제 B의 이유 ①

즉 '허락해 주신다면' 하겠다고 말하는 것은 상대에게 책임을 떠넘기는 말투이므로 이런 표현만 쓰는 세상은 지친다는 이야기다. 지금까지 살펴본 전제 B의 이유를 추가하여 피라미드 구조로 정리하면 다음과 같다. 이것으로 결론 A까지의 내용을 정리할 수 있게 되었다.

| 〈오늘의 그대〉의 피라미드 구조 (중간 과정 ③) |

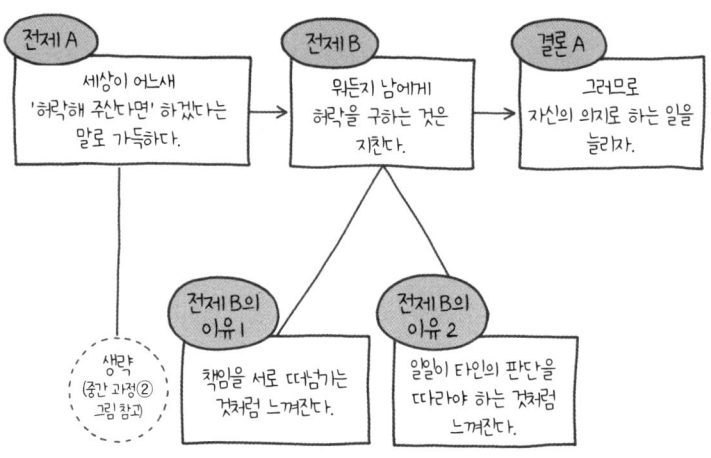

잘 따라오고 있는가? 이제 얼마 안 남았으니 조금만 더 힘을 내서 읽어보자. 다섯 번째 문단을 살펴보자.

> 정말로 '허락해 주신다면 해보겠습니다', '어떠실까요?'라고 말해야 하는 경우와 자신이 '이렇게 하겠다'라고 정해도 되는 경우를 잘 구별하는 것부터 시작하자. → 결론 B

자신의 의지로 하는 일을 늘리기 위해서 스스로 결정해도 괜찮은 일인지 아닌지 구별하기부터 시작하자는 내용이다.

이는 곧 독자에게 행동을 유도하는 말이므로 글쓴이가 강조하는 결론인 경우가 많다. 결론 A '자신의 의지로 하는 일을 늘리자'라고 하면서 그러기 위해서는 결론 B '스스로 결정할 수 있는 일의 구별부터 시작하자'까지 일련의 흐름으로 연결되어 있다. 즉 결론 A부터 B로 연역적 논리가 이어지고 있다. 이런 경우에 피라미드 구조에서는 다음과 같이 결론 A의 옆에 결론 B를 쓴다.

| 〈오늘의 그대〉의 피라미드 구조(중간 과정④) |

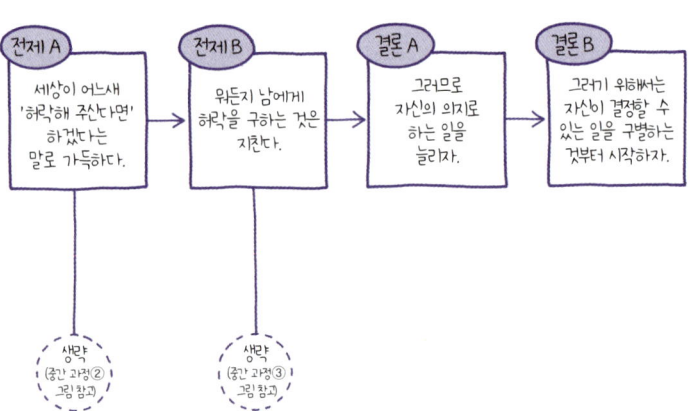

결론 B의 이유를 찾으면서 읽다 보면 이어서 다음과 같은 문단에 주목할 수 있다.

나도 원래 내 의견을 잘 내는 편은 아니라서 '이렇게 하겠다'라고 군이 강조할 생각은 없었다. → 결론 B의 이유 ① 그저 상대방이나 세상의 개입 없이 스스로 정할 수 있는 일은 무엇일지를 문득 고민해 보고 싶었을 뿐이다. 그랬더니 남에게 피해를 주지 않는다면, 내가 스스로 '이렇게 하겠다'라고 말할 수 있을 것 같았다. → 결론 B의 이유 ② 생각보다 스스로 정할 수 있는 일은 많다.
→ 결론 B의 이유 ③

내용상 결론 B의 이유 ①부터 ③까지 연달아 제시되고 있다. 여기까지 내용을 피라미드 구조로 정리하면 다음과 같이 정리할 수 있다.

| 〈오늘의 그대〉의 피라미드 구조(중간 과정⑤) |

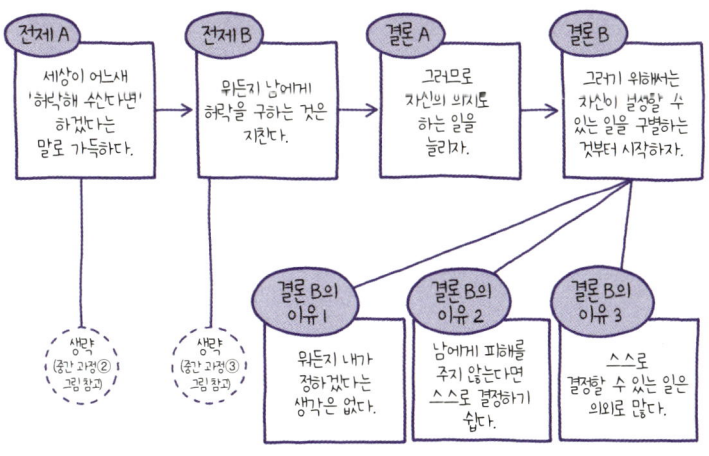

그리고 글의 맨 마지막 부분에 전체 주장이 정리되며 마무리되었다.

스스로 결정하는 일은 책임이 따르기는 하지만 소중히 지켜야 할 일이다. → 주장

연역적 논리에서는 글 전체의 주장을 피라미드의 맨 윗부분에 쓴다. 이것으로 307쪽의 그림과 같이 피라미드 구조가 완성되었다.

결국 이 글의 전체 내용을 한 단락으로 요약하여 정리하면 다음과 같다. 피라미드 구조에서 두 번째 단의 내용을 연결해서 문장으로 만들기만 하면 된다.

세상이 온통 '허락해 주신다면' 하겠다는 일투성이라서 무엇이든 남의 눈치를 보게 되어 지친다. 그러므로 자신의 의지로 하는 일을 늘리자. 우선 스스로 결정할 수 있는 일을 구별하는 것부터 시작하자.

| 〈오늘의 그대〉의 피라미드 구조(완성) |

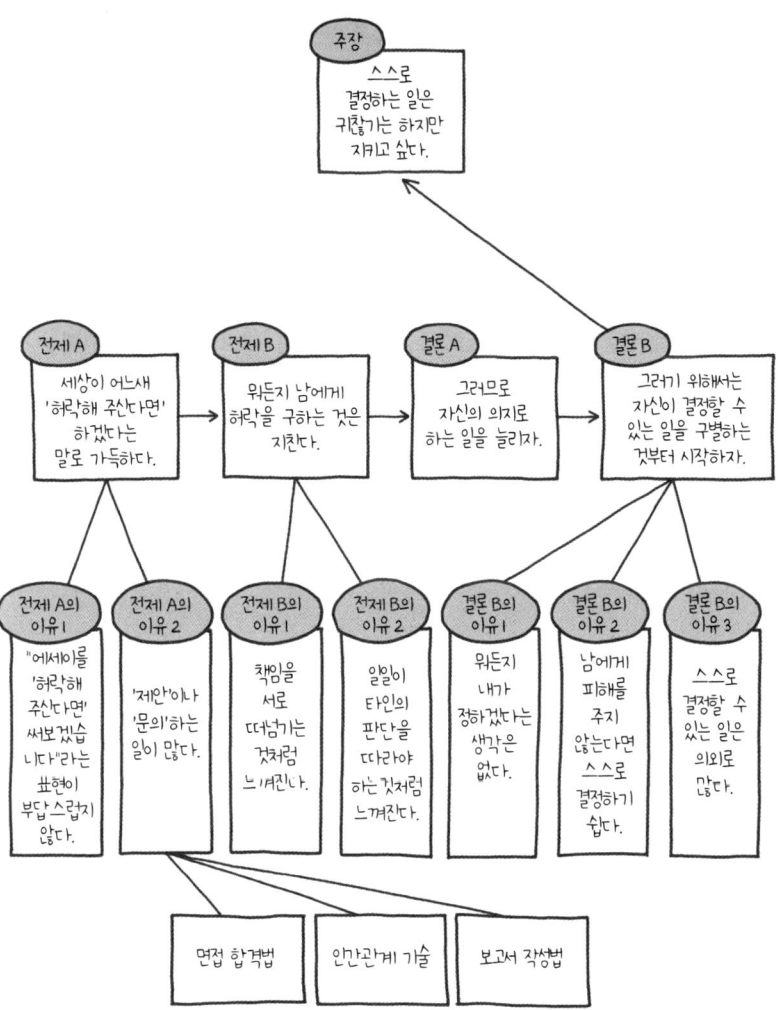

주장

스스로
결정하는 일은
귀찮기는 하지만
지키고 싶다.

전제 A

세상이 어느새
'허락해 주신다면'
하겠다는
말로 가득하다.

전제 B

뭐든지 남에게
허락을 구하는 것은
지친다.

결론 A

그러므로
자신의 의지로
하는 일을 늘리자.

결론 B

그러기 위해서는
자신이 결정할 수
있는 일을 구별하는
것부터 시작하자.

전제 A의
이유 1

"에서이들
'허락해
주신다면'
써보겠습
니다"라는
표현이
부담스럽지
않다.

전제 A의
이유 2

'제안'이나
'문의'하는
일이 많다.

전제 B의
이유 1

책임을
서로
떠넘기는
것처럼
느껴진다.

전제 B의
이유 2

일일이
타인의
판단을
따라야
하는 것처럼
느껴진다.

결론 B의
이유 1

뭐든지
내가
정하겠다는
생각은
없다.

결론 B의
이유 2

남에게
피해를
주지
않는다면
스스로
결정하기
쉽다.

결론 B의
이유 3

스스로
결정할 수
있는 일은
의외로
많다.

면접 합격법

인간관계 기술

보고서 작성법

시험 때는 선 긋기로
대강의 흐름을 파악한다

드디어 끝났다. 여기까지 함께 읽으면서 '너무 힘들다, 난 도저히 못 한다'라고 생각하는 사람도 있을 것이다. 하지만 포기하기엔 이르다. 처음에는 시간이 걸리지만 몇 번 연습하면 금방 익숙해져서 종이에 쓰지 않아도 머릿속으로 정리하면서 파악할 수 있게 된다.

실제 시험에는 시간제한이 있으므로 피라미드 구조를 쓰면서 읽지는 않는다. 주어진 글에 완벽하게 표시하지도 않는다. 피라미드 가장 윗단에 들어갈 주장, 두 번째 단의 전제와 결론에 해당하는 부분은 글 안에서 찾아 서로 선을 그어 연결하며 확인한다.

피라미드 구조에서 세 번째 단 이하에 오는 내용은 글을 읽으면서 바로 알 수 있는 곳만 선을 그어 표시해 두어 다시 볼 때 빠르게 살펴볼 수 있도록 한다. 중요한 문장을 놓칠 수도 있지만 신경 쓰지 않아도 된다. 두 번째 단만 제대로 파악해 두면 세 단째 이하의 내용은 문제에 나올 때만 정확하게 파악하면 된다.

공부는 하기 싫지만 SKY는 가고 싶어

시험 중에 글을 한 번만 읽고 완전한 피라미드 구조를 머릿속에 그리기는 불가능하다. 하지만 대충이라도 피라미드 구조를 만들면서 읽으면 내용을 상당 부분 정리하면서 읽을 수 있다.

> **핵심 요약**
> 논리가 담긴 글은 모두 귀납적 논리 또는 연역적 논리로 이루어진다. 논리 구조를 머릿속에 그리면서 읽는 피라미드 읽기를 하려면 주장과 근거, 그리고 전제를 찾는 것이 첫걸음이다.

피라미드 구조를 연습할 때
주의할 점

◆ ## 정답을 신경 쓰지 않고
꾸준히 연습한다

피라미드 읽기를 연습할 때 몇 가지 주의 사항이 있다.

첫째, 종이에 완전한 피라미드 구조를 정리한다. 앞서 시험에서는 피라미드 구조를 쓰지도 말고 완벽하지 않아도 된다고 했지만 연습은 다르다. 종이에 완전한 피라미드 구조를 정리해야 한다. 종이에 쓰면 아직 논리 구조를 파악하지 못한 부분이 드러난다. 또 완전한 논리 구조를 완성하려고 노력하면서 세부 내용까지 상세히 파악할 수 있다. 시험에서도 고난도 문제는 머릿속으로 세부 피라미드 구조까지 그려야 풀 수 있으므로 연습 때는 완벽하게 쓸 수 있도록 해두자.

둘째, **정답의 논리 구조를 지나치게 신경 쓰지 않아도 된다.** 혼자서 연습할 때는 어떤 피라미드 구조가 정답인지 알 수 없다. 그러므로 정답은 너무 신경 쓰지 않아도 된다. 정답을 몰라도 연습하는 그 자체에 의미가 있다. 자기 나름대로 머릿속에서 주장과 이유를 정리하고 서로 연관 지으며 읽는 습관을 들이면 문제를 풀기가 쉬워진다. 나아가 머릿속에 나만의 구조로 내용이 정리되어 있으면 해설을 읽었을 때 잘못 이해한 부분을 쉽게 파악할 수 있다. 그렇게 해서 조금씩 논리력과 독해력을 길러가는 것이다.

마지막으로, 적어도 일주일에 한 번 정도의 빈도로 연습해야 한다. 매일 할 수 있는 사람은 물론 매일 하면 되지만 시간을 내기 어려운 상황이라도 피라미드 구조를 그리는 게 익숙해질 때까지는 **적어도 일주일에 한 번은 연습하는 것이 좋다.** 연습할수록 읽을 때 머리를 사용하는 방식이 달라진다. 하지만 일주일 이상 연습을 쉬면 그 전에 연습했을 때 익힌 감을 다시 잃게 된다. 피라미드 구조를 그릴 때 보통 어디서 막혔고 어떤 식으로 생각해서 어떻게 해결했는지가 기억나지 않는다.

피라미드 읽기의 다양한 쓰임

피라미드 읽기의 장점은 신속하게 문장의 뜻을 파악해서 기억할 수 있다는 것이다. 덕분에 빠르게 문장 독해가 필요한 시험에서 강력한 무기가 된다.

또 다른 장점은 상대방이 알기 쉽게 내용을 정리해서 전달할 수 있다는 점이다. 일할 때 글을 읽고 내용을 보고하거나 토론할 때가 많다. 그때 피라미드 읽기로 글을 읽고 난 뒤 참여할 수 있다. 직접 종이로 피라미드 구조를 그려가면서 상대에게 설명하면 훨씬 더 쉽게 관련 내용을 전달할 수 있다. **상대의 요구에 따라 설명의 세부 사항은 자유자재로 바꿀 수 있다.** 내용을 요약해서 전할 때는 피라미드 꼭대기의 주장만 언급하면 된다. 상대가 좀 더 자세한 설명을 원한다면 두 번째 단의 내용을 설명하고, 특정 부분에 대한 보충 설명이 필요하

공부는 하기 싫지만 SKY는 가고 싶어

다면 세 번째 단 이하 내용까지 설명해 주면 완벽하다.

보고서 같은 업무용 문서를 작성할 때도 먼저 최상단의 주장과 두 번째 단의 내용을 언급한다. 그다음 두 번째 단의 요소 하나하나에 대해서 자세히 설명해 나가는 흐름으로 제시하면 상대가 이해하기 쉽다. 이처럼 피라미드 읽기는 시험 외에 다른 영역에도 도움이 되므로 마음껏 활용하길 바란다.

핵심 요약

피라미드 읽기를 연습할 때는 글을 읽으며 직접 종이에 써서 정리해 본다. 이때 정답은 신경 쓰지 않는다. 일주일에 한 번 이상의 빈도로 꾸준히 연습해야 실전에서 자연스럽게 머릿속으로 정리할 수 있다.

작문 연습으로
독해력까지 잡는다

◆ 작문 연습으로
접속사와 호응 관계를 익힌다

실제 시험에서 피라미드 읽기를 능숙하게 해내기 위해 평소 글을 읽을 때 피라미드 구조를 정리하며 연습해 보기를 제안했다. 피라미드 구조를 만들기 위해서는 각 문장의 의미와 관계를 정확히 이해해야 한다. 문장에 나타난 호응 관계와 접속사의 용법을 충분히 파악하는 게 중요하다. 이때 작문이 좋은 연습이 된다. 아직 피라미드 읽기에 자신 없다면 피라미드 구조를 쓰는 연습과 함께 작문 연습을 해보자.

작문 연습의 첫 단계는 먼저 주제를 정하는 일이다. 짧은 문장을 읽고 그 주장에 대한 의견을 쓰는 것이 가장 쉽다. 앞서 피라미드 구조를 연습할 때 읽은 글에 대해 자신의 의견을 쓰는 연습을 하면 일석이조다.

글의 주장에 대해 찬성이나 반대를 하거나 또는 새로운 의견을 내놓을 수도 있다. 먼저 자신의 주장을 명확히 제시하고 이를 뒷받침하는 근거를 덧붙인다. 다양한 근거를 대면서 설득력 있는 문장을 쓰려면 분량은 400자 원고지 한 장 정도가 적당하다. 이때 내용의 완성도는 너무 신경 쓰지 않아도 된다. **작문 연습의 주된 목적은 어디까지나 접속사와 호응 관계를 정확하게 사용하는 것이다.** 전후 맥락을 잘 파악하며 접속사를 바르게 썼는지 살펴보자. 또 문장의 순서를 바꿔가면서 더 정확하게 자신의 의도가 전달되는 호응 관계를 찾아보자.

글이 완성되면 시간을 두고 다시 읽어보자. 문장이 매끄럽지 않거나 논리가 어색한 부분은 고쳐 쓴다. 그다음 가족이나 친구에게 읽어봐 달라고 부탁해서 내용이 쉽게 이해되는지 확인하도록 하자. 피드백을 받으면 내가 쓴 글을 다시 살펴보면서 부족한 부분을 개선하자. 글의 의미가 제대로 전달되었는지는 쓴 사람보다 읽는 사람의 판단이 늘 옳기 때문이다.

> **핵심 요약**
> 접속사와 호응 관계를 정확히 이해하고 사용하려면 작문 연습이 효과적이다. 피라미드 구조를 연습할 때 사용한 글을 활용해 자신의 의견을 써보자. 내용은 너무 신경 쓸 필요 없다. 표현이 이상한 곳이 없는지를 중점적으로 확인하자.

공부는 하기 싫지만 SKY는 가고 싶어

인생을 바꾸는 가장 확실한 수단, 공부

최근 우리 사회는 놀라운 속도로 변화를 거듭하고 있다. AI 를 비롯한 IT 기술의 급속한 발달은 삶의 방식까지 바꾸고 있 다. 변화가 넓고 깊고 또 빠르게 일어나는 시대에는 인재의 가치도 능력에 따라 큰 차이가 벌어진다. 새로운 기술을 활용 해서 창조적인 콘텐츠를 만들어내는 사람과 그것들을 소비만 하는 사람으로 양극화된다.

지금처럼 환경이 급변하고 경제가 어려운 상황에서, 스스 로 가치를 높이려면 끊임없이 공부해야 한다. 하지만 여전히 많은 사람이 별다른 노력도 하지 않고 이대로 버티면 어떻게든 될 것이라고 믿는다. 반면에 강한 의지로 공부하는 사람은 더욱 가치 있고 희소한 인재로 성장할 수 있다. 이런 사람이 사회에서 더 많은 기회를 잡을 수 있다. 과거 대항해 시대에 당시의 첨단 기술과 지식을 이용해 신대륙을 발견했던 탐험가들처럼, 현대 사회는 공부하면 할수록 새로운 기회를 무궁무진하게 찾을 수 있다. 지금은 '공부하는 사람'이 기회를 선점하는 '대공부의 시대'다.

공부로 무궁무진한 기회가 열리는 것은 젊은 세대만의 이야기가 아니다. 중년 세대도 공부를 통해 지금까지 길러온 지식과 견문을 한층 더 활용할 수 있다. 새로운 기술만으로는 혁신적인 콘텐츠가 탄생할 수 없다. 기존 제품과 고객에 대한 깊은 이해가 뒷받침되어야 비로소 새로운 기술의 지평이 열린다. 신구의 지식 융합이 필요하다는 말이다. 중년층의 깊은 지혜와 식견을 어떤 신기술에 효과적으로 활용할 수 있는지는 해당 분야의 전문가와 논의를 통해 도출된다. 따라서 그런 전문가와 소통할 수 있는 정도의 지식을 폭넓은 분야에서 익혀두면 자신의 식견을 활용할 기회가 급속도로 넓어질 것이다.

공부는 하기 싫지만 SKY는 가고 싶어

노력은 절대 배신하지 않는다

공부하면서 때로는 포기하고 싶은 순간도 온다. 그때마다 공부만이 확실히 인생을 바꿔주고, 공부를 계속하면 반드시 성과가 따르는 사실을 기억하길 바란다.

인생을 원하는 방향으로 바꾸는 수단이 비단 공부만은 아니다. 일을 열심히 하거나 인맥을 넓히는 방법도 있다. 하지만 다양한 방법 중에 나 혼자 열심히만 하면 반드시 성공하는 방법은 별로 없다. 일을 아무리 열심히 해도 성공 여부는 운이 크게 작용한다. 내가 맡은 일을 완벽하게 했다고 해도 타인이 평가할 때는 좋은 결과가 나오지 않을 때도 많다. 또 대부분의 일은 팀 단위로 이루어지므로 나는 완벽하게 맡은 바를 다 했어도 동료가 실수해서 성과를 올리지 못할 수도 있다.

그에 비해 공부는 타인의 영향이 극히 적다. 자기만 열심히 하면 실력은 오르게 되어 있다. 시험에서도 실력이 일정 기준에 달하면 합격할 수 있다. 물론 타인과 경쟁해야 하는 시험이라면 우수한 사람이 많을수록 자신의 합격 가능성은 낮아질 수 있다. 하지만 이 또한 내가 더 열심히 공부하면 해결되는 문제다. 목표가 시험이 아니라 공부로 무언가 기술을 익히는 것도 마찬가지다. 본인이 열심히 하기 나름이다.

게다가 공부는 제대로 하면 할수록 확실한 내 것이 된다. 세상에는 노력한 만큼 실력이 오르는 일이 많지 않다. 운동은 무리하면 오히려 역효과가 나고 인간관계도 너무 잘하려고 애쓰면 비호감이 될 수도 있다. 하지만 공부는 다르다. 하루 10시간이든 15시간이든 하는 만큼 실력으로 쌓인다.

공부할 수 있는 분야와 분량도 무궁무진하다. 영어뿐 아니라 중국어나 프랑스어도 배울 수 있다. 프로그래밍도 배우고 회계 지식을 배우는 것도 가능하다. 게다가 경쟁자보다 한두 가지 더 많은 기술을 습득하면 압도적인 차별점으로 작용해 자신의 가치를 단번에 높일 수 있다. 이처럼 노력한 만큼 확실히 성과를 보여주는 영역은 공부 외에 찾기 어렵다.

♦ ## 포기하지 않으면
반드시 길이 열린다

공부법도 개선했고 필사적으로 노력했는데 성과가 나오지

않는다면 과감하게 공부 분야를 바꾸는 것도 하나의 방법이다. 지금 하는 일에서 실패하고 도망치면 다른 분야에서도 똑같이 실패하리라 생각할 수 있다. 그러나 공부에는 **주변 환경과 분야의 영향이 생각보다 훨씬 크다.** 물고기는 물 밖에서는 제자리에서 팔딱거릴 뿐이지만 물속에서는 놀라운 속도로 헤엄쳐 다닌다. 마찬가지로 이 분야에서는 힘들었던 사람이 다른 분야에서는 자신의 능력을 마음껏 발휘할 수도 있다.

다행히 공부에는 셀 수 없을 정도로 다양한 분야가 있으며 여러분에게 맞는 영역도 반드시 있다. 아무리 노력해도 생각만큼 성과를 올리지 못하거나 상황이 나아지지 않는다면 다른 분야에 도전하면 된다.

나 역시 대학교에 입학할 때까지는 공부를 꽤 잘하는 편이었다. 하지만 막상 대학교에서 연구를 시작해 보니 실험이 적성에 맞지 않아 제대로 된 성과를 내지 못했다. 많은 사람이 공부를 잘하면 연구도 잘할 것으로 생각하지만 실제로는 필요한 능력이 달라서 성과를 올리지 못하는 경우도 많다.

열심히 노력하는데도 뜻대로 되지 않는다고 스스로 탓하거나 실망할 필요가 없다. 과감히 새로운 길을 찾아 도전하자. 지금까지 잘 풀리지 않던 사람도 다른 길로 나아가면 새로운 자신과 만날 가능성이 있다. 나는 과외와 프로그래밍을 시작하면서 남에게 무언가 가르치기를 좋아하는 내 모습을 발견했다. 또 사회에 필요한 서비스를 만들면서 진정한 기쁨을 느끼고 있다.

무엇이든 해보고 싶은 일이 있다면 주저하지 말고 공부하자. 그리고 그 길 위에서 한 걸음씩 앞으로 나가는 거다. 공부를 계속하면 누구든지 새로운 길을 만들 수 있다. 그것이 이 시대를 살아가는 우리 모두에게 주어진 행운이다.

공부는 반드시 노력한 만큼 확실하게 또 끝없이 실력이 향상된다. 꾸준히 열심히 공부하면 1년 후에는 지금과 완전히 다른 자신을 만나게 될 것이다. 처음에는 원하는 만큼 성과가 안 나올 수도 있다. 그러나 멈추지 않고 계속 공부한다면 여러분의 가능성에는 한계가 없다.

공부는 하기 싫지만 SKY는 가고 싶어

옮긴이 **박선영**

이화여자대학교를 졸업하고 도쿄대학교 대학원에서 언어정보학을 공부했다. 현재 서울디지털대학교, 메가스터디 엠베스트 등에서 일본어를 가르치는 한편, 출판번역 에이전시 글로하나에서 다양한 분야의 일본어 도서를 리뷰, 번역하며 일본어 번역가로 활발히 활동하고 있다.
옮긴 책으로는 『부자 아빠 투자 불변의 법칙』 『성공은 하루 만에 잊어라』 『퇴사하고 싶어졌다, 그래서 10억을 모았다』 『괴물 같은 기업 키엔스를 배워라』 『내가 선생님을 죽였다』 『혼자 행복해지는 연습』 『미미와 리리의 철학 모험』 『기다림의 칼』 『향연』 『13억분의 1의 남자』 등 다수가 있다.

공부는 하기 싫지만
SKY는 가고 싶어

초판 1쇄 인쇄 2025년 12월 18일
초판 1쇄 발행 2025년 12월 26일

지은이 요코이 유스케
옮긴이 박선영
펴낸이 김선식

부사장 김은영
책임편집 권예경 **디자인** 마가림 **책임마케터** 오서영
콘텐츠사업7팀 권예경, 마가림, 남슬기
마케팅사업2팀 오서영 **홍보2팀** 정세림, 고나연
브랜드사업본부 정명찬
브랜드홍보팀 오수미, 서가을, 박장미, 박주현 **영상홍보팀** 이수인, 염아라, 이지연, 노경은
저작권팀 성민경, 이슬, 윤제희 **편집관리팀** 조세현, 김호주, 백설희
재무관리팀 하미선, 임혜정, 이슬기, 김주영, 오지수 **인사관리팀** 강미숙, 김재경, 김혜진, 황종원
제작관리팀 이소현, 김소영, 김진경, 유미애, 이지우, 황인우
물류관리팀 김형기, 김선진, 주정훈, 양문현, 채원석, 박재연, 이준희, 최대식

펴낸곳 다산북스 **출판등록** 2005년 12월 23일 제313-2005-00277호
주소 경기도 파주시 회동길 490 다산북스 파주사옥
전화 02-704-1724 **팩스** 02-703-2219 **이메일** dasanbooks@dasanbooks.com
홈페이지 www.dasan.group **블로그** blog.naver.com/dasan_books
용지 (주)스마일몬스터피앤엠 **인쇄 및 제본** 한영문화사 **코팅 및 후가공** 제이오엘앤피

ISBN 979-11-306-7360-8(13370)

다산북스(DASANBOOKS)는 독자 여러분의 책에 관한 아이디어와 원고 투고를 기쁜 마음으로 기다리고 있습니다. 책 출간을 원하는 아이디어가 있으신 분은 다산북스 홈페이지 '원고투고'란으로 간단한 개요와 취지, 연락처 등을 보내주세요. 머뭇거리지 말고 문을 두드리세요.